编写组组长　宋秀岩

编写组成员　谭　琳　　王卫国　　张　立　　杜　洁
　　　　　　姜秀花　　张永英　　杨玉静　　杨　慧
　　　　　　李　文　　李线玲

男女平等基本国策的贯彻与落实

NANNÜ PINGDENG JIBEN GUOCE DE
GUANCHE YU LUOSHI

国务院妇女儿童工作委员会办公室 编

人民出版社

目　　录

第一章

贯彻落实男女平等基本国策的重要意义

男女平等和妇女发展是人类社会追求的崇高理想，是社会文明进步的重要标尺，是实现可持续发展的基本目标。把男女平等作为促进社会发展的一项基本国策，是中国特色社会主义制度的创新，是党和国家推动男女平等事业和妇女全面发展的重要战略决策。党的十八大以来，以习近平同志为核心的党中央，从实现"两个一百年"奋斗目标和中华民族伟大复兴的中国梦的全局战略高度，对深入贯彻落实男女平等基本国策提出了新思想、作出了新部署、明确了新要求，为在新的历史起点上进一步促进男女平等、开拓妇女全面发展的新境界提供了科学指导和行动指南。

一、男女平等基本国策的形成与发展

男女平等事业和妇女全面发展是中国特色社会主义事业的重要组成部分。男女平等基本国策作为促进妇女与经济社会同步发展、男女两性平等发展、妇女自身全面发展的一项带有长远性和

根本性的总政策，其核心要义是重视和发挥妇女在经济社会发展中的主体地位和作用，推动妇女与经济社会同步发展；在承认男女现实差异的前提下倡导男女两性权利、机会和结果的平等，依法保障妇女合法权益；从法律、政策和社会实践各方面消除对妇女一切形式的歧视，构建以男女平等为核心的先进性别文化；将性别平等意识纳入决策主流，切实在出台法律、制定政策、编制规划、部署工作时充分考虑男女两性的现实差异和妇女的特殊利益。

1. 男女平等是党和国家一贯的政治主张

中国共产党自成立之日起，就把妇女解放和男女平等写在党的奋斗旗帜上。在民主革命时期，党的二大就成立了中央妇女部，党的二大、三大、四大和六大都通过了关于妇女运动的决议，颁布了一系列推动妇女解放的方针政策，将妇女运动融入争取阶级解放和民族解放的革命洪流之中。新中国成立以后，党和国家把推动妇女解放和发展、促进男女平等上升为执政理念和国家意志，出台了一系列法律法规和政策。1949 年中国人民政治协商会议通过的《中国人民政治协商会议共同纲领》、1954 年颁布的《中华人民共和国宪法》及历次修改时均确立了男女平等原则，并明确规定妇女在政治、经济、文化、社会以及家庭生活各方面享有与男子平等的权利。进入改革开放新时期，党和国家立足我国社会主义初级阶段的基本国情，在法律政策的制定实施中更加坚定有力地贯彻男女平等的宪法原则，在制定或修改宪法、刑法、继承法、选举法、婚姻法、义务教育法等重要法律中，充分考虑男女平等与妇女发展面临的新情况新问题，依法保障妇女权益。1992 年，制定并颁布实施了《中华人民共和国妇女权益保障法》，这是我国

第一部保障妇女权益的专门法律。

1995 年，联合国第四次世界妇女大会在北京召开，江泽民同志代表中国政府提出"把男女平等作为促进我国社会发展的一项基本国策"，向国际社会昭示了我国促进性别平等和妇女发展的国家承诺。2005 年，胡锦涛同志在纪念联合国第四次世界妇女大会 10 周年会议开幕式上强调"我们将坚持贯彻男女平等的基本国策，不断促进性别平等和两性和谐发展"。从 1995 年至今，国务院颁布实施了三个周期促进男女平等和妇女发展的国家行动计划——《中国妇女发展纲要》。"实行男女平等是国家的基本国策"写入《中华人民共和国妇女权益保障法》。国家第十至第十二个国民经济和社会发展五年规划纲要都强调促进妇女全面发展，《中共中央关于制定国民经济和社会发展第十三个五年规划的建议》明确提出要坚持男女平等基本国策。特别是党的十八大报告明确提出"坚持男女平等基本国策，保障妇女儿童合法权益"，重申促进男女平等和妇女全面发展是新的历史条件下党治国理政的重要内容。

党的十八大以来，以习近平同志为核心的党中央高度重视男女平等事业和妇女全面发展，把占人口半数的亿万妇女作为实现"两个一百年"奋斗目标和中华民族伟大复兴的中国梦、协调推进"四个全面"战略布局不可或缺的半边天力量。2013 年 10 月，习近平总书记在同全国妇联新一届领导班子集体谈话时，突出强调要坚持男女平等基本国策，在出台法律、制定政策、编制规划、部署工作时充分考虑两性的现实差异和妇女的特殊利益。2015 年 9 月，习近平总书记在中国与联合国妇女署共同举办的全球妇女峰会上发表了题为"促进妇女全面发展　共建共享美好世界"的重要讲话，提出了促进男女平等和妇女全面发展的四点"中国主张"，开启了促进我国男女平等事业和妇女全面发展的历史新征程。

图 1-1　2013 年 10 月 28 日，中国妇女第十一次全国代表大会在北京人民大会堂开幕，习近平向与会代表鼓掌致意

2. 践行男女平等基本国策是对马克思主义妇女理论的丰富和发展

马克思主义认为，妇女是推动人类社会发展、创造人类文明的伟大力量，"社会的进步可以用女性的社会地位来精确地衡量"，"没有妇女的酵素就不可能有伟大的社会变革"。在我国革命、建设和改革的各个历史时期，我们党始终自觉将马克思主义的普遍原理与中国的具体实践相结合，始终自觉运用马克思主义妇女理论及其科学方法分析、研究和解决妇女解放与发展问题。男女平等基本国策的形成和发展，是马克思主义妇女理论同当代中国实际相结合的产物，是我国推动男女平等、促进妇女发展的理论创新，是用中国实践对马克思主义妇女理论的丰富和发展。

——男女平等基本国策深刻揭示了妇女与经济社会同步协调

发展的辩证关系。男女平等和妇女发展是中国特色社会主义事业必不可少的组成部分。一方面我国经济社会的持续健康发展，离不开占人口半数的广大妇女充分发挥半边天作用，积极参与和贡献；另一方面妇女的全面发展，离不开经济社会持续健康发展所取得的丰硕成果，使妇女发展拥有坚强有力的基础、保障和环境。

　　——男女平等基本国策深刻揭示了妇女与男性平等和谐发展的辩证关系。男女两性是推动人类社会进步的共同主体，和谐共存，缺一不可。一方面妇女的全面发展离不开男性的合作与支持，平等分享机会、权力和资源，共同发展；另一方面男性的发展离不开女性的理解与协作，平等承担经济、社会和家庭责任，同步前进。

　　——男女平等基本国策深刻揭示了妇女全面发展与人的全面发展的辩证关系。妇女的全面发展是人的全面发展的题中应有之义。一方面妇女占人口的一半，没有妇女的全面发展，人的全面发展就不可能实现；另一方面促进人的全面发展，必须通过各方面的共同努力和奋斗，才能实现男女两性真正的平等发展、和谐发展、充分发展，进而实现人类全面发展的终极目标。

　　——男女平等基本国策深刻揭示了促进妇女全面发展与发挥妇女主体意识和创造精神的辩证关系。妇女最终是自身命运的主宰。一方面促进妇女全面发展是全社会的共同责任，需要科学完备的制度机制作保障；另一方面实现全面发展是妇女的内在需求，需要妇女树立和弘扬自尊、自信、自立、自强的时代精神，全面提高能力，肩负光荣使命，巾帼建新功、共筑中国梦，做无愧于伟大时代的新女性。

　　在推动男女平等进程中丰富和发展马克思主义妇女理论，需要在中国特色社会主义最新理论成果指导下，深化对贯彻落实男女平等基本国策理论和实践的探索与创新，深刻认识和积极探索坚持走中国特色社会主义妇女发展道路的规律与特征，深刻认识和积极探索贯彻落实男女平等基本国策的规律与路径，深刻认识和积极探索推动男女平等、促进妇女全面发展制度机制创新的规律与方法，丰富发展中国特色社会主义妇女理论，为促进马克思主义妇女理论的中国化、时代化不断作出新贡献。

3. 贯彻落实男女平等基本国策是对全球妇女事业发展的中国贡献

追求男女平等事业是全人类的伟大事业。实现男女平等、促进男女两性共同发展是国际社会的广泛共识。联合国成立之时，就在《联合国宪章》中明确规定了男女平等的原则。1979 年通过的《消除对妇女一切形式歧视公约》（以下简称《消歧公约》）在政治、经济、文化、社会等诸多领域明确了性别平等权利。联合国于 1975 年、1980 年、1985 年、1995 年先后在墨西哥城、哥本哈根、内罗毕和北京召开了四次世界妇女大会，并通过了一系列促进妇女发展的纲领性文件，2000 年联合国首脑会议通过的千年发展目标和 2015 年联合国首脑会议通过的 2030 年可持续发展议程都提出并强调促进男女平等和赋权妇女的目标，这些措施使性别平等理念在全球得到进一步的广泛传播和认同。

制定实施男女平等基本国策，是我国回应国际社会倡导的社会性别主流化的中国实践，并以此为引领积极参与国际性别平等和妇女事务，为促进全球妇女事业发展作出了中国贡献。我国在 1980 年签署了《消歧公约》，成为最早的缔约国之一。特别是 1995

年我国成功承办了联合国第四次世界妇女大会，会议通过的《北京宣言》和《行动纲领》提出了促进全球性别平等和妇女发展的战略目标及政策框架，成为指导全球男女平等和妇女发展事业的纲领性文件。北京世界妇女大会宣示的精神在全球产生了深远影响，催生了积极变化，各国追求男女平等的共识日益强化，推动妇女发展的行动趋于多样化，妇女生存发展的环境更为优化，全球有 143 个国家在法律中明确规定男女平等，北京世妇会成为全球促进性别平等和妇女发展的里程碑。

> ### 背景资料
>
> 　　1995 年，在北京召开的第四次世界妇女大会通过的《行动纲领》，提出了妇女与贫困、妇女的教育和培训、妇女与保健、对妇女的暴力行为、妇女与武装冲突、妇女与经济、妇女参与权力和决策、提高妇女地位的机制、妇女的人权、妇女与媒体、妇女与环境、女童等十二个关切领域的战略目标和行动措施，要求各国政府、国际社会和民间社会，包括非政府组织和私营部门采取行动，积极推动男女平等和妇女发展。

此后，联合国在环境、人口、人权等发展领域的一系列重要会议上，都根据《北京宣言》和《行动纲领》的精神，不断强化将妇女权利和男女平等问题纳入发展主流。为了不断地倡导和弘扬北京世妇会精神，我国相继举办了纪念"北京 +5""北京 +10""北京 +15"和"北京 +20"等系列活动，既促进男女平等基本国策的贯彻落实，也有力推动了社会性别主流化进程。

背景资料

1997 年，联合国经济及社会理事会将"社会性别主流化"定义为："把性别问题纳入主流是一个过程，它对任何领域各个层面上的任何一个计划行动，包括立法、政策或项目计划对妇女和男人产生的影响进行分析。它是一个战略，把妇女和男人的关注、经历作为在政治、经济和社会各领域中设计、执行、跟踪、评估政策和项目计划的不可分割的一部分来考虑，以使妇女和男人能平等受益，不平等不再延续下去。它的最终目的是达到社会性别平等。"

资料来源：Bureau for Gender Equality, ILO: Gender: A Partnership of Equal. Geneva:2000.5.

2015 年 9 月，中国与联合国妇女署在纽约联合国总部共同举办了全球妇女峰会，习近平主席主持峰会，同与会的 140 多位国家元首、政府首脑及多国代表一道，纪念和重申北京世妇会的庄严承诺，讨论和谋划妇女事业发展的美好未来。习近平主席在发表的题为"促进妇女全面发展　共建共享美好世界"的重要讲话中，深刻阐述了妇女发展和推动男女平等对人类文明进步的重要作用，高度评价了北京世妇会的重大历史意义，并就发扬北京世妇会精神、促进男女平等和妇女全面发展，提出了推动妇女和经济社会同步发展、积极保障妇女权益、努力构建和谐包容的社会文化、创造有利于妇女发展的国际环境等重要观点，深刻表达了中国对男女平等这一重大问题的原则立场，积极给出了促进妇女全面发展的"中国答案"，开创了全球男女平等事业的新时代，赢得了国际社会的热烈响应和广泛认同，也为中国妇女事业的长远发展指明了前进方向。

中国妇女约占世界妇女的五分之一，中国性别平等和妇女事业的发展进步必将对全球妇女事业产生重大影响。作为第四次世界妇女大会的承办国，20 年来中国认真践行北京世妇会精神，积极落实《北京宣言》和《行动纲领》，把促进男女平等作为社会发展的一项基本国策，开辟了中国特色社会主义妇女发展道路，推动男女平等和促进妇女全面发展取得了举世瞩目的成绩，为全球平等、发展与和平作出了具有中国特色的历史贡献。

二、贯彻落实男女平等基本国策的成就

中国政府提出"把男女平等作为促进我国社会发展的一项基本国策"20 年来，党和国家从我国基本国情和妇女发展实际出发，坚持顶层设计、系统谋划，坚持遵循规律、因势利导，坚持与时俱进、勇于创新，大力推进男女平等基本国策的贯彻落实，亿万妇女的平等权利得到保障、妇女福祉持续增进、主体作用充分发挥，男女平等基本国策的实施取得了一系列重大的制度成果和实践成果。

1. 促进男女平等和妇女发展的机制不断健全

国家建立提高妇女地位的机制，是充分利用政府资源，有效

调动社会资源，推进性别平等与妇女发展的重要保障。20 年来，中国提高妇女地位的机制不断健全，作用日益凸显。

不断完善提高妇女地位的政府工作机构。1990 年，我国成立国务院妇女儿童工作专门机构，负责组织、协调、指导、督促有关部门，共同促进性别平等与妇女发展。目前有 35 个成员单位。全国 31 个省（区、市）和新疆生产建设兵团县级以上政府均成立了相应机构，基本形成了纵向贯通、横向联动、协同推动性别平等与妇女发展的组织体系。

制定实施促进妇女儿童发展的国家规划纲要。第十、第十一、第十二和第十三个国民经济和社会发展五年规划（计划）都将妇女儿童发展作为重要内容，其中"十二五""十三五"规划纲要用专节规定促进妇女全面发展、保障儿童优先发展。国务院先后颁布三个周期中国妇女发展纲要，全国 31 个省（区、市）和新疆生产建设兵团县级以上人民政府分别制定本地区妇女发展规划，形成了全国自上而下促进妇女发展的规划体系。各级妇女儿童工作委员会通过目标责任分解和监测评估等手段推动纲要规划的有效实施。

构建政府主导、多部门合作、全社会参与的工作机制。国务院和地方各级政府定期召开妇女儿童工作会议，进行专题研究部署。国务院和地方妇女儿童工作委员会每年召开专题会议，听取成员单位的工作汇报，对妇女发展纲要规划的实施情况进行分析研究，提出对策，推动落实。引导各地积极探索建立法规政策性别平等评估机制，从法律制度层面促进性别平等与妇女发展。国家重视和支持妇联组织代表和维护妇女权益、促进性别平等。

逐步完善性别统计制度。建立妇女发展综合统计制度，规范妇女发展统计指标和分性别统计指标。建立国家和省（区、市）

妇女状况监测体系、地区和部门综合统计报表和定期报送审评制度。1995 年、1999 年、2004 年、2007 年和 2012 年，分别编印《中国社会中的女人和男人——事实和数据》;2008 年起，每年编印《中国妇女儿童状况统计资料》。

2. 妇女经济地位和社会保障水平进一步提高

我国在推进经济结构战略性调整和转变经济发展方式的改革创新中，充分保障妇女经济权益，促进妇女平等参与经济发展、平等享有改革发展成果。

积极改善妇女贫困状况。国家在实施全方位扶贫战略中，统筹考虑城镇化、老龄化、市场化及气候变化等因素对妇女贫困的影响，在实施中国农村扶贫开发纲要中把妇女作为重点扶贫群体，同等条件下优先安排妇女扶贫项目，2015 年《中共中央国务院关于打赢脱贫攻坚战的决定》对妇女扶贫攻坚作出具体部署。逐步建立完善新型社会救助体系，加大对贫困妇女的保障力度。在 592 个国家扶贫开发工作重点县，女性人口的贫困发生率从 2005 年的 20.3% 下降到 2010 年的 9.8%；2014 年按月领取低保金的妇女达 2600 多万。

大力促进妇女就业创业。通过实施小额担保贷款财政贴息政策扶植和带动千万妇女创业就业；大力发展家政服务和手工编织等产业，为城乡妇女就地就近和灵活就业提供服务；开展女大学生就业创业扶持行动；建立 20 多万所"妇女学校"，近 2 亿人次妇女参加农业新技术、新品种种植技能培训。2013 年，我国女性就业人员达 3.5 亿，占就业人员总数的 46.0%，其中城镇单位就业人员中女性比例为 35.0%。女企业家约占企业家总数的四分之一，互联网领域创业者中女性占 55.0%。

保障农村妇女的土地权益。国家在全面深化农村改革和推进基层依法自治的过程中，不断完善保障农村妇女土地权益的法律政策，建立健全农村集体资金、资产、资源管理等各项制度，纠正与法律政策规定、性别平等原则相违背的村规民约，确保农村妇女平等享有土地承包经营权、宅基地使用权和集体收益分配权。在土地承包经营权确权登记颁证工作中，明确登记簿和确权证上应体现妇女的土地权益，保障农村妇女的生存发展资源。

在建立更加公平可持续的社会保障制度过程中，不断提高妇女享有社会保障的水平。2014 年，妇女参加城镇职工养老保险、城镇职工医疗保险的人数分别达到 15463 万和 13013 万，比 2005 年分别增加了 7594 万和 7638 万；妇女参加生育保险人数达到 7407 万，比 2005 年增加了 5134 万。

3. 妇女受教育水平明显提高

中国积极促进教育公平，调整教育结构，保障男女平等接受教育的权利和机会。

男女受教育差距进一步缩小。2014 年，男女童小学净入学率均为 99.8%，提前实现联合国千年发展目标。女性接受初中及以上特别是高等教育的机会显著增加，普通高等学校本专科在校生中的女生比例为 52.1%，硕士、博士研究生在校生中的女生比例分别为 51.6% 和 36.9%。

妇女接受职业教育和技能培训的比例提高。2014 年，接受中等职业教育的女性规模达到 805 万，普通中专在校女生达到 397 万，分别占总数的 44.7% 和 53.0%；全国接受各种非学历高等和中等教育的女性人数分别达到 346 万和 2000 多万。2013 年，女性参加政府培训机构举办的职工技能培训人数占培训总数的 43.0%。

国家制定积极政策，保障少数民族妇女和偏远贫困地区女童等公平享有教育资源。开设少数民族专门学校，制定贫困女童和女生专项教育计划，重视特殊教育，增加少数民族女性和偏远、贫困地区女生及残疾妇女享有教育资源的机会。

性别平等原则和理念逐步融入教学。越来越多的学校将性别平等理念引入学校教育，一些地方尝试在中小学开设性别平等教育课程，引导学生树立男女平等的性别观念。目前 100 余所高校开设了 440 余门女性学和性别平等课程，女性学的硕、博士学位点不断增多。

4. 妇女的健康状况显著改善

建立了覆盖城乡的医疗卫生服务体系，不断完善和健全妇幼健康法律政策和服务体系，大力实施妇幼卫生保健项目，提高妇幼卫生服务的公平性和可及性。

建立了较为完善的妇幼健康法律政策体系，把妇女健康指标纳入国民经济和社会发展总体规划和专项规划，把妇幼保健作为国家基本公共服务的重点内容，提高妇女医疗保障水平。

提高妇幼卫生服务水平。截至 2014 年年底，全国共有妇幼保健机构 3131 个。基层妇幼卫生年报系统和监测网络不断健全。增加农村和边远地区妇幼卫生经费投入，优化卫生资源配置。加快妇幼卫生人才培养，加强妇幼保健机构人员配备。截至 2014 年，90% 的孕产妇获得了基本公共卫生服务。实施农村孕产妇住院分娩补助项目，5712 万名农村孕产妇受益。2009 年启动实施农村妇女"两癌"免费检查项目，累计为 4287 万和 613 万农村妇女进行了宫颈癌、乳腺癌免费检查，救助贫困患病妇女 31077 人。

妇女生殖保健服务进一步加强。保障妇女在整个生命周期享有良好的生殖保健服务，开展妇女病普查普治，提供青春期保健和老年期保健服务。落实计划生育免费技术服务政策，推进避孕方法知情选择，减少非意愿妊娠。持续打击和查处非医学需要的胎儿性别鉴定和选择性别的人工终止妊娠行为。为流动妇女提供健康教育、预防接种、孕产妇保健等基本公共卫生服务，积极推进流动人口计划生育基本公共服务均等化试点。

妇女健康水平进一步提高。妇女预期寿命延长，2010 年我国妇女的平均预期寿命达 77.4 岁，比 2000 年高 4.1 岁。孕产妇住院分娩率明显提高，由 2000 年的 72.9% 提高到 2014 年的 99.6%；孕产妇死亡率大幅降低，从 1995 年的 61.9/10 万下降到 2014 年的 21.7/10 万，提前实现了联合国千年发展目标。

5. 妇女参与国家和社会事务管理的水平不断提升

国家不断完善促进妇女参政的法律政策，保障妇女享有与男性平等的政治权利，妇女参与国家和社会事务管理的水平逐步提高。

完善促进妇女参与决策和管理的法律政策措施，为妇女参政提供制度保障。如《村民委员会组织法》规定"妇女村民代表应当占村民代表会议组成人员的三分之一以上"。2013 年出台的《村民委员会选举规程》规定"候选人中应当有适当的妇女名额，没有产生妇女候选人的，以得票最多的妇女为候选人"。

妇女参与决策和管理的比例提高。党的十八大代表中女代表比例为 23.0%，比十五大（1997 年）提高了 6.2 个百分点。第十二届全国人大代表中女代表比例为 23.4%，比 20 年前提高了 2.4 个百分点；政协第十二届全国委员会中女委员占 17.8%，比 20 年前提高了 4.1 个百分点。2013 年，中央机关及国家直属机构录用的公务员中女性比例为 47.8%，地方新录用公务员中女性比例也不断提高。2014 年，村委会中女性成员占 22.8%，比 2000 年提高了 7.1 个百分点，村委会主任中的女性比例也明显提高。2014 年，居委会中女性成员比例为 48.4%，主任中的女性比例为 41.0%。

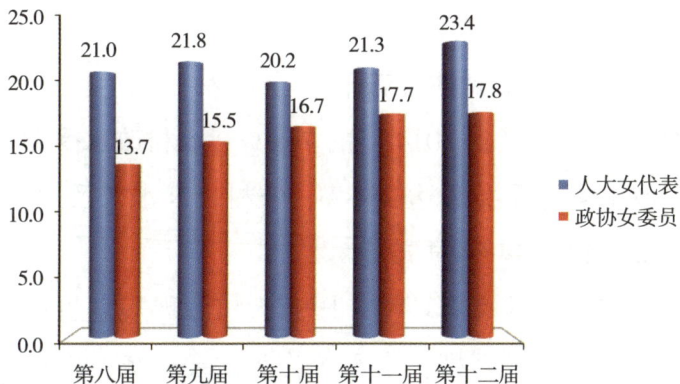

图 1-2　第八届至第十二届全国人大女代表、政协女委员比例

　　妇女和妇女组织的影响力日益增强。人大女代表、政协女委员积极参政议政，密切关注性别平等议题，积极提出相关议案建议和提案，推动解决性别平等和妇女发展问题。妇联组织代表妇女参与立法协商和协商民主，推动将性别平等纳入法律法规和政策的制定与执行，积极推动在立法中体现性别平等原则。

6. 促进男女平等与妇女发展的环境不断优化

国家重视促进性别平等的社会文化环境建设，创造健康安全的自然环境，倡导平等和谐的文明家风，为妇女的生存发展创造良好条件。

积极营造尊重妇女和两性平等发展的社会环境。各级党政部门、妇联组织及其他社会组织通过宣传倡导、教育培训等多种形式，全方位、多渠道宣传男女平等基本国策。加强对传媒的正面引导和管理，建立传媒监管机制，培训媒体从业人员，提高性别平等意识。公共文化服务注重面向妇女群体，妇女的精神文化生活日益丰富。信息通信技术发展为妇女文化交流与创新提供了新平台，截至 2014 年 12 月，中国女性网民共有 2.8 亿，占网民总数的 43.6%。

妇女生活环境得到明显改善。全国农村卫生厕所普及率由 2000 年的 40.3% 提高到 2014 年的 76.1%，农村改水受益人数累计达 9 亿，改水累计受益率达 95.8%，农村自来水普及率由 2000 年的 55.2% 提高到 2014 年的 79.0%。

构筑和谐平等的家庭环境。国家人口发展规划将促进性别平等、家庭和谐、倡导婚姻自由平等作为主要任务，促进家庭成员的平等发展。积极开展"五好文明家庭"和"寻找最美家庭"等家庭文化建设活动，宣传倡导文明家风。第三期中国妇女社会地位调查显示，夫妻共同决策家庭事务成为趋势，70% 以上的妇女参与家庭重大事务决策。

7. 性别平等与妇女发展的法治保障不断完善

我国在全面推进依法治国进程中，探索创新中国特色社会主义妇女权益保障机制，基本形成了以宪法为基础、以妇女权益保障法为主体、包括国家各种单行法律法规、地方性法规和政府各部门行政规章在内的保障妇女权益、促进性别平等的法律体系。

1

保障妇女权益的法律法规不断完善。20年来，我国先后制定和修改了《婚姻法》《人口与计划生育法》《就业促进法》《村民委员会组织法》《社会保险法》《妇女权益保障法》等20多部法律法规。31个省（区、市）修订妇女权益保障法实施办法。反对针对妇女暴力的立法取得重大进展，29个省（区、市）制定了预防和制止家庭暴力的地方性法规或政策，2015年12月十二届全国人大常委会第十八次会议审议通过《中华人民共和国反家庭暴力法》。2015年十二届全国人大常委会第十六次会议通过的《中华人民共和国刑法修正案（九）》，突出强调加强对女性特别是幼女的保护，规定更加有力地惩处强奸幼女、拐卖妇女儿童的犯罪行为。

图 1-3　保障妇女权益的部分法律法规

1

　　保障妇女权益的执法力度不断加大。全国人大常委会重视开展妇女权益保障法等相关法律的执法检查和专题调研，督促各级政府部门严格执法，依法查处侵害妇女合法权益的违法行为。公安机关依法坚决打击暴力侵害妇女的违法犯罪行为，加强国际司法协作，严厉打击跨国跨区域的拐卖妇女儿童犯罪。

　　妇女权益的司法保护不断加强。法院系统设立妇女维权合议庭、家事审判庭，妥善审理婚姻家庭纠纷案件，保障妇女在情感补偿、财产分割等方面的合法权益。开展反家庭暴力的基层司法实践，探索家庭暴力人身安全保护裁定制度，试点法院从 2008 年的 5 个省扩展到 2015 年的 14 个省。注重发挥妇女在公正司法中的作用，2014 年，人民陪审员中女性占 35.6%，女法官、女检察官比例均为 30.5%，比 1995 年分别增长了 13.8%、13.5%。

　　性别平等法律宣传普及力度加大。保障妇女权益的法律法规宣传普及纳入全国"五年普法规划"，深入开展促进性别平等的法律法规宣传进机关、进乡村、进社区、进学校、进企业、进单位的主题活动。妇联组织积极开展"建设法治中国·巾帼在行动"等活动，引导广大妇女尊法、学法、守法、用法，倡导全社会树立男女平等的价值观念；针对侵害妇女权益的重大事件加强舆情监测和科学研判，及时发出维权声音。

　　完善多机构合作的妇女维权服务机制。出台《关于进一步推进法律援助工作的意见》和《关于建立完善国家司法救助制度的意见（试行）》，为妇女获得法律援助和司法救助提供保障。2014年，获得法律援助的妇女达35.2万人，与2000年相比增加31万人。2015年，全国2800多个县（市、区、旗）开通了"12338"妇女维权服务热线，建立妇女维权站、维权岗、家庭暴力投诉站等各类维权服务机构 25 万个。

实践证明，在党的高度重视和坚强领导下，在中国特色社会主义制度的有力保障下，男女平等基本国策实施的 20 年，是亿万中国妇女受惠受益最多的 20 年，是中国妇女发展水平持续提升的 20 年，为在新的历史条件下全面深入贯彻落实男女平等基本国策，推进男女平等进程、促进妇女全面发展奠定了坚实基础。

三、新时期深入贯彻落实男女平等基本国策的新任务新要求

为实现中华民族伟大复兴的中国梦而奋斗，是全党全国工作的时代主题；协调推进全面建成小康社会、全面深化改革、全面依法治国、全面从严治党战略布局，是全党全国工作最大的大局；牢固树立和积极践行创新、协调、绿色、开放、共享的发展新理念，统筹推进经济、政治、文化、社会和生态文明"五大建设"，确保如期全面建成小康社会，是全党全国工作的中心任务。紧密结合党和国家事业全局，全面可持续地推进我国男女平等事业和妇女全面发展，要求我们以习近平总书记系列重要讲话精神为指针，深入学习领会习近平总书记关于坚持男女平等基本国策的重要思想，充分认识男女平等基本国策的时代内涵，更大力度地贯彻落实男女平等基本国策，使中国特色社会主义妇女发展道路越走越宽广。

1. 习近平总书记对坚持男女平等基本国策提出一系列新思想新论断

党的十八大以来，习近平总书记发表一系列重要讲话，立足

于坚持和发展中国特色社会主义、实现"两个一百年"奋斗目标和中华民族伟大复兴的中国梦的全局和战略高度，科学回答了党和国家事业发展的重大理论和现实问题，极大地丰富发展了中国特色社会主义最新理论成果，深化了我们党对共产党执政规律、社会主义建设规律、人类社会发展规律的认识，形成了一系列治国理政的新理念新思想新战略。

特别是习近平总书记关于坚持男女平等基本国策的重要思想，为深入推进男女平等事业、促进妇女全面发展提供了科学理论指导和行动指南。习近平总书记在同全国妇联新一届领导班子集体谈话时深刻指出，要把中国发展进步的历程同促进男女平等发展的历程更加紧密地融合在一起，使我国妇女事业发展具有更丰富的时代内涵，使我国亿万妇女肩负起更重要的责任担当；强调各级党委和政府要加大重视、关心、支持妇女事业和妇女工作的力度，要坚持男女平等基本国策，在出台法律、制定政策、编制规划、部署工作时充分考虑两性的现实差异和妇女的特殊利益。习近平总书记在全球妇女峰会上的重要讲话中指出，要推动妇女和经济社会同步发展，积极保障妇女权益，努力构建和谐包容的社会文化，创造有利于妇女发展的国际环境，共建共享对所有妇女对所有人更加美好的世界，强调"中国将更加积极贯彻男女平等基本国策，发挥妇女'半边天'作用，支持妇女建功立业，实现人生理想和梦想"。习近平总书记的重要论述，对于在新的历史条件下全党全社会坚持男女平等基本国策、促进性别平等和妇女全面发展具有重大而深远的指导意义。

2013年10月，党中央在给中国妇女十一大的祝词中明确要求，各级党委要进一步采取有效措施促进妇女发展，关心妇女生产生活，发挥妇女主体作用，提高妇女社会地位，着力解决妇女权益保护中存在的突出问题。要坚决贯彻男女平等基本国策，在立法决策中充分体现性别意识，在改善民生中高度关注妇女需求，在社会管理中积极回应妇女关切，使男女平等真正体现到经济社会发展各领域、社会生活各方面。党的十八大以来中央书记处每次听取全国妇联党组工作汇报时，都重申和强调要深入贯彻落实男女平等基本国策、促进妇女全面发展。

认真学习、深刻理解习近平总书记关于坚持男女平等基本国策的重要思想，重在把握和领会其精神实质。

——贯彻落实男女平等基本国策，就是要把男女平等事业自觉融入党和国家事业全局，发挥国家的主导作用，强化政府的主体责任，制定科学合理的发展战略，把男女平等充分体现在出台法律、制定政策、编制规划、部署工作的各个环节，充分体现在经济社会发展的各领域和社会生活的各方面，确保发展惠及亿万妇女，为促进男女平等和妇女全面发展加速行动。

——贯彻落实男女平等基本国策，就是要在全面建成小康社会历史进程中同步协调推进妇女发展，确保妇女平等依法行使民主权利，彰显妇女在国家治理中的主人翁地位和半边天作用；确保妇女平等参与经济社会发展，最大限度地释放妇女创造活力，引导妇女在贡献中实现自我价值；确保妇女平等享有改革发展成果，成就人生梦想、增进妇女福祉、促进全面发展。

——贯彻落实男女平等基本国策，就是要在全面深化改革历史进程中健全完善发挥妇女主体作用、促进男女平等的制度体制机制，构建以男女平等为核心的先进性别文化，坚决消除对妇女一切形式的歧视和偏见，破除有碍妇女发展的落后观念和陈规旧俗，切实提高妇女的经济社会地位，充分发挥妇女的独特优势作用，凝聚妇女为经济建设、政治建设、文化建设、社会建设和生态文明建设贡献巾帼力量。

——贯彻落实男女平等基本国策，就是要在全面依法治国历史进程中把保障妇女权益、促进妇女发展、缩小男女发展差距系统纳入法律法规政策，上升为国家意志，内化为行为规范，通过科学立法完善促进性别平等和保障妇女权益的法律法规体系，通过严格执法遏制和惩治侵害妇女权益的违法犯罪行为，通过公正司法为权益受侵害妇女伸张正义，通过全民守法进一步提高全社会依法维护妇女权益的法律意识和社会责任。

习近平总书记关于坚持男女平等基本国策的重要思想和明确要求，集中体现了党中央心系亿万妇女的执政为民情怀和与时俱进、求真务实的亲民工作作风，使男女平等基本国策从政治宣言和战略规划的治国理政最高层次，细化为有目标、有步骤、有内容的具有可操作性的政策措施和工作部署，为在新的历史条件下推进我国男女平等事业和妇女全面发展指明了方向、提供了遵循。

2. 贯彻落实男女平等基本国策必须坚持走中国特色社会主义妇女发展道路

中国特色社会主义妇女发展道路是中国特色社会主义道路的有机组成部分，是党领导妇女解放与发展走出的一条具有鲜明中国特色和强烈时代特征的康庄大道。习近平总书记指出，中国特色社会主义妇女发展道路是实现妇女平等依法行使民主权利、平等参与经济社会发展、平等享有改革发展成果的正确道路。这一重要论断深刻揭示了坚持走中国特色社会主义妇女发展道路和贯彻落实男女平等基本国策的内在关系，深刻表明了坚持走中国特色社会主义妇女发展道路是贯彻落实男女平等基本国策的必由之路。

——走中国特色社会主义妇女发展道路，贯彻落实男女平等基本国策，必须坚持党的领导。中国共产党是中国特色社会主义事业的领导核心，坚持党的领导是实现男女平等和妇女全面发展的根本政治保证。要在党的领导下，坚定不移地走中国特色社会主义妇女发展道路，深入贯彻落实男女平等基本国策，把亿万妇女最紧密地团结凝聚在党的周围，同党中央保持高度一致，听党话、跟党走，为党和国家的事业而奋斗。

——走中国特色社会主义妇女发展道路，贯彻落实男女平等基本国策，必须尊重妇女的主体地位。妇女是推动社会进步和历史前进的伟大力量，是推动自身解放和发展的根本力量。要充分发挥妇女的主体地位和作用，把实现妇女全面发展与建设中国特色社会主义事业的大局有机结合在一起，把广大妇女的积极性主动性创造性充分调动起来，为广大妇女建功立业、人生出彩、梦想成真创造环境和条件。

——走中国特色社会主义妇女发展道路，贯彻落实男女平等基本国策，必须创新和发展党的妇女工作。推动男女平等、促进妇女全面发展是党和国家全部工作的重要内容。要在加强和改进党的群团工作大局中切实加强党对妇女工作的领导，进一步重视推动妇女事业发展和男女平等进程，在党和国家的事业全局中思考谋划、创新开拓妇女群众工作，把贯彻落实男女平等基本国策提高到一个新水平。

——走中国特色社会主义妇女发展道路，贯彻落实男女平等基本国策，必须注重发挥妇联组织作用。妇联组织是党和政府联系妇女群众的桥梁和纽带，是国家政权的重要社会支柱。要支持妇联组织改革创新，保持和增强妇联组织的政治性先进性群众性，不断增强妇联组织服务大局服务妇女的能力水平，认真履行代表和维护妇女权益、促进男女平等的基本职能，切实承担政府妇女儿童工作委员会办公室的职责，在推动贯彻落实男女平等基本国策中努力发挥好独特优势和作用。

3. 在治国理政中深入贯彻落实男女平等基本国策

在出台法律、制定政策、编制规划、部署工作时充分考虑两性的现实差异和妇女的特殊利益，是习近平总书记对全党全社会提出的一项重大任务，是贯彻落实男女平等基本国策的根本指针和时代要求。深刻领会、坚决贯彻习近平总书记的重要指示精神，就是要切实把男女平等基本国策贯彻落实到治国理政的全过程和各方面。

——在法律制定和实施中贯彻落实男女平等基本国策。平等是社会主义法律的基本属性，男女平等基本国策也是社会主义法律制定和实施应遵循的重要原则。在法律制定和实施中贯彻落实男女平等基本国策，就是要在立法、执法和司法的各个环节建立完善保障妇女权益的法律体系和制度机制，关切妇女诉求，考虑妇女需要，保障妇女权益，使我国宪法及相关法律规定的男女平等真正转化为现实中的男女平等。

——在政策决策中贯彻落实男女平等基本国策。依法执政和依法决策是全面推进依法治国的重要内容。在政策决策中贯彻落实男女平等基本国策，就是要在政策制定、实施以及绩效评估过程中，以性别平等视角充分考虑男女不平等的现实状况和发展差距，密切关注妇女的特殊需求，制定有利于男女平等和谐发展的积极政策和阶段性倾斜措施，促进实现男女两性在权利、机会和结果上的平等。

——在规划纲要编制和实施中贯彻落实男女平等基本国策。通过制定和实施规划纲要保障妇女全面发展是政府的重要责任。在规划纲要编制和实施中贯彻落实男女平等基本国策，就是要依据男女两性的现实差异和妇女的特殊利益，在国民经济和社会发展总体规划中对促进妇女全面发展作出专项部署，在部门规划中对涉及妇女发展的重点难点指标作出专门安排，在妇女发展纲要中确定和落实科学的目标任务和策略措施，促进男女平等基本国策真正落到实处。

——在部署工作中贯彻落实男女平等基本国策。推进男女平等事业和妇女全面发展需要通过一件一件具体的工作部署来实现，落细落小落实。在部署工作中贯彻落实男女平等基本国策，就是要将推动男女平等、促进妇女全面发展的目标任务纳入工作方案的研究、实施以及考核评估的各个环节，精心研究、周密部署、责任到位、层层落实、科学考评，使党和政府的关怀与温暖最大限度地覆盖到广大妇女群众，提高她们的受益度和获得感。

第二章

法律法规规章与男女平等

　　《中共中央关于全面推进依法治国若干重大问题的决定》提出了建设中国特色社会主义法治体系、建设社会主义法治国家的总目标，为构建贯彻落实男女平等基本国策、保障妇女权益的法律法规体系提供了重要的战略机遇。依据《立法法》，由全国人大、国务院、国务院各部委、省级和较大的市人大、地方政府等不同立法主体所制定的法律、行政法规、部门规章、地方法规和地方政府规章等均属法律范围。在全面依法治国中贯彻落实男女平等基本国策，就是要在法律的制定、实施和监督中充分体现性别平等意识，尊重妇女主体地位，关注男女两性发展差距，把男女平等基本国策贯彻到社会主义法治建设的全过程。

一、在科学立法中贯彻男女平等基本国策

　　立法过程包括立法准备、形成立法草案、立法审议和公布以及法律公布后的修改。在立法过程中贯彻男女平等基本国策，就

是在科学立法中准确把握男女平等的原则要求和妇女发展的客观实际，出台有针对性和可操作性的法律规定，切实保障妇女享有与男子平等的权利；就是在民主立法中有序扩大妇女和妇女组织的参与，发挥她们在立法监督中的积极作用。

1. 在立法准备中树立性别平等视角

在编制立法规划、立法计划和立法调研中关注男女两性平等发展议题，是科学立法推动社会性别主流化的第一步。

党和国家历来高度重视依法保障妇女权益。新中国成立后制定的第一部法律就是提高妇女地位、保障妇女权益的《婚姻法》。进入改革开放新时期，1992 年出台了第一部保障妇女权益的专门法律——《妇女权益保障法》。2011 年十一届全国人大常委会将反家庭暴力法列入预备立法项目，2014 年十二届全国人大常委会将反家庭暴力法列入立法规划，2015 年 12 月全国人大常委会审议通过《反家庭暴力法》。在当前全面依法治国的新形势下，更要强化性别平等意识纳入立法决策主流，将促进男女平等、保障妇女权益相关法律的制定和修改作为立法项目的重点领域。

在立法调研中关注法律实施可能对男女两性产生的不同影响，重视收集与男女平等和妇女发展议题相关的信息资料，保证一定比例的妇女代表参与到立法调研中来，召开座谈会要吸收妇女组织和一定人数的妇女代表参加，专门召开妇女组织和妇女代表座谈会，深入了解妇女群体的特殊需求。如《就业促进法》在立法调研阶段就将就业性别歧视作为一个重要议题，广泛听取意见，专题分析研究，出台的法律中设立了公平就业专章，专门规定了妇女享有与男子平等的劳动权利。

2. 在法律草案形成中注重性别平等关切

在起草法律草案、公开征求意见过程中坚守男女平等原则，将促进性别平等、保障妇女权益的内容写入法律草案，是在科学立法中推动社会性别主流化的关键环节。

法律起草人员的性别平等意识直接影响着男女平等基本国策在法律草案中的体现。法律起草人员应具有男女平等的价值观，深刻认识现实中男女两性发展的差距，全面了解妇女发展的特殊需求，运用男女平等基本国策的理论指导和把握男女两性平等发展问题，分析制约妇女发展的不利因素，认识法律规范对男女两性的不同影响，在法律草案起草中明确促进性别平等的权利义务。

在法律草案起草中体现男女平等原则，就是将促进性别平等、保障妇女权益的实践经验上升为法律规范。《中华人民共和国反家庭暴力法》的起草，就是总结借鉴了29个省（区、市）反家庭暴力的立法经验，参考了《消歧公约》等与性别平等相关的国际公约和文书，结合中国国情而形成的，体现了男女平等基本国策的精神和要求。

《中共中央关于全面推进依法治国若干重大问题的决定》强调指出，"拓宽公民有序参与立法途径，健全法律法规规章草案公开征求意见和公众意见采纳情况反馈机制，广泛凝聚社会共识。"与男性相比，妇女群体对立法的关注程度不够、参与意识不强。一方面要通过宣传教育进一步提高妇女参与立法的积极性和主动性，另一方面要采取积极措施进一步拓展妇女有序参与立法的渠道和途径，推动妇女组织和妇女更加广泛深入地参与立法。

3. 在立法审议中关注性别平等议题

在提出法案、审议法案、表决法案中关注性别平等议题，坚持男女平等原则，是在科学立法中推动社会性别主流化的基本要求。

提高立法审议主体中的女性比例。全国人大及常委会、有立法权的地方人大及常委会是立法审议的主体，妇女在各级人大代表及常委中的人数和比例，对在立法审议中贯彻男女平等基本国策有着重要影响。有调查表明，人大女代表对性别议题的关注度一般会高于男代表，在立法审议中积极发声，推动性别平等。目前，十二届全国人大女代表比例为 23.4%，女常委比例为 15.5%，与第四次世界妇女大会《行动纲领》提出的 30% 的女性参政目标还有差距。

法律审议中要落实男女平等原则。所有法律的制定和修改，都要自始至终落实男女平等基本国策，立法审议工作要从性别平等视角出发，对法律规定中存在的违反男女平等原则的内容，及时予以修正；充分考虑现实中男女两性发展差距，增加保障男女平等受益的条款。法律审议中应把握以下关键。

——体现非歧视原则。歧视分为直接歧视（显性歧视）和间接歧视（隐性歧视）。立法审议中，不仅要审议存在明显歧视妇女内容（直接歧视）的法律规范，还要分析表面看似性别中立的条款在实际执行中可能存在潜在造成对妇女发展的不利后果，无论是直接歧视还是间接歧视的内容，都应修正和废除。

背景资料

直接歧视（也称显性歧视）是指公开地、有明显意图地将某些个人或群体置于不利境况，使其在其他条件相同的情况下由于某些因素（如性别、种族等）受到不公平的区别对待的行为。直接歧视越来越为人们所认识，容易辨别和纠正。例如，一些用人单位在并非法律规定的特殊职业的招聘广告中明文规定"仅限男性""男性优先"等，使女性处于不利境地。这样的行为涉嫌直接歧视。

间接歧视（也称隐性歧视）是指非公开地、看似无意图地将某些个人或群体置于不利境况，使其在其他条件相同的情况下由于某些因素（如性别、种族等）受到不公平的区别对待的行为。间接歧视在现实社会中普遍存在，较难发现，有实质性的不利影响，因此也被称为实质性歧视。例如，一些用人单位虽然没有在招聘广告中作出歧视性规定，但是在面试等环节有意无意地表露对男性的偏好或者对女性特别提出与结婚、生育等相关的问题和要求，使女性处于不利境地。再例如，一些地方在土地承包经营权确权工作中，虽然文件的规定并没有歧视妇女的内容，但具体操作时由于女性出嫁、嫁入等因素没有将其名字写在确权证和登记簿上。这些行为都涉嫌间接歧视。

——重视推动男女平等发展进程的暂行特别措施。《消歧公约》第四条规定："缔约各国为加速实现男女事实上的平等而采取的暂行特别措施，不得视为本公约所指的歧视，亦不得因此导致维持不平等或分别的标准；这些措施应在男女机会和待遇平等的目的达到之后，停止采用。"我国各省（区、市）选举法实施细则和妇女权益保障法实施办法对人大代表候选人中性别比例的规定，就是在参政领域落实暂行特别措施的法律规定。比如，云南省县、乡两级人大代表选举实施细则中规定："代表候选人中妇女的比例应当占30%以上，并逐步提高妇女代表的比例。"这种在参政领域为处于不利地位的性别规定比例的暂行特别措施，是国际社会在法律领域促进性别平等的普遍做法，称为"性别配额制"，即通过宪法、选举法等规定民主选举中候选人的男女比例。又如，阿根廷的选举法规定："政党的选举名单必须有至少30%的女性候选人。"

背景资料

暂行特别措施是指为了加速实现事实上的平等，对处于不利地位的群体所采取的特殊的支持性政策。因为长期以来传统性别分工和性别观念的影响，妇女在教育、就业、参政等领域难以获得与男性平等的机会和资源，导致整体上处于弱势地位。例如，通常在家庭经济贫困的情况下，男孩优先得到受教育的机会。因此，要解决男女两性平等发展问题，就要从法律上给予妇女更多的机会和资源，加速妇女发展，加快实现事实上的男女平等。

——关注妇女肩负生产和人类再生产双重责任的特殊需求。从法律制度的设计上提供特别保护措施，保障妇女生产和人类再生产双重角色的不冲突、不矛盾，更好地参与经济社会发展。为此，国际劳工组织通过了《生育保护公约》（第 183 号公约），联合国相关公约和文件也对妇女的生育保护作出明确规定。我国《劳动法》《女职工劳动保护特别规定》等对女职工孕期、产期、哺乳期的保护都有明确规定。

4. 在立法监督中纠正违反性别平等原则的内容

人大、政府、政协、各民主党派及妇联等人民团体，根据各自职能，对立法中是否体现男女平等原则进行审查和评估，防止法律规范中出现性别盲点，消除性别歧视，实现性别公正。

全国人民代表大会等权力机关通过备案、审查等制度对涉及性别平等的法律、法规和规章进行监督，从性别平等视角审视法律中是否存在性别歧视条款，分析是否存在表面中立、潜在性别歧视的内容，研究是否存在实施中可能造成对妇女发展不利后果的条款，如若存在，应按照法定程序进行修正、撤销或宣布无效。

各级行政机关通过上级行政机关对下级行政机关所作的决定进行监督，评估其是否贯彻了男女平等原则，是否规定了促进男女平等的积极措施，是否考虑了妇女的特殊需求，是否存在直接或间接的性别歧视内容，对发现的问题进行及时修正。

政协和民主党派等在参与国家立法决策的民主协商中，将男女平等和妇女发展作为重要关切，通过民主协商，推动男女平等，保障妇女权益。

妇联组织积极参与相关法律法规的制定和修订，从源头上推动男女平等原则在法律法规中的落实。同时，要进一步拓展妇联参与立法的渠道，在建立健全人大专门委员会、工作委员会立法专家顾问制度中注重发挥性别平等专家顾问的作用。

图 2-1　天津市妇联召开修订《天津市实施〈妇女权益保障法〉办法》立法调研工会系统座谈会

二、在严格执法中贯彻男女平等基本国策

法律的生命力在于实施，法律的权威在于执行。把法律规定的男女平等转化为现实中的男女平等，关键是在严格执法中贯彻落实男女平等基本国策，在依法行政中强化政府主体责任，将男女平等法律规定落实到经济社会生活各领域各方面。

1. 在依法行政中强化政府和部门的责任意识
依法行政就是要尊重法律，在政府工作中体现法律精神和要求。我国《宪法》规定了男女平等原则，《妇女权益保障法》明确了政府推动男女平等的主体责任，规定："实行男女平等是国家的基本国策。国家采取必要措施，逐步完善保障妇女权益的各项制度，消除对妇女一切形式的歧视。""各级人民政府应当重视和加强妇女权益的保障工作。县级以上人民政府负责妇女儿童工作的机构，负责组织、协调、指导、督促有关部门做好妇女权益的保障工作。县级以上人民政府有关部门在各自的职责范围内做好妇女权益的保障工作。"

各级政府职能部门的行政人员肩负着落实男女平等法律的责任和义务，其性别平等意识对依法行政至关重要。一方面要认识到针对妇女群体的专门法律，如《妇女权益保障法》《女职工劳动保护特别规定》等对保障妇女权益的重要作用。另一方面要认识到政治、经济和社会生活等各领域法律的落实，都涉及促进性别平等和保障妇女权益。《选举法》《村民委员会组织法》等保障男女平等享有政治权利；《婚姻法》《继承法》《农村土地承包法》《物权法》等保障男女享有平等财产权利；《治安管理处罚法》《母婴保健法》《人口与计划生育法》等保障妇女的人身权、生命和健康权；《劳动合同法》《就业促进法》《社会保险法》等保障男女平等的就业权利和社会保障权益；《刑法》保障妇女人身权利和生命安全不受侵害。

2. 在严格执法中落实男女平等

实干就是能力，落实就是水平。政府各部门在依法行政中，要将相关法律中涉及男女平等条款的落实作为工作重点，高度关注相关法律中男女平等条款的实施情况。现实中，法律规定的男女平等和实际上的男女平等仍有差距。比如，在政治领域，宪法和相关法律规定男女享有平等的选举权和被选举权，一些地方没有很好落实，像"农嫁非"妇女在原籍和城市常常都难以参加选举，导致她们的选举权难以行使甚至落空；在经济领域，法律规定男女享有平等的就业权利，但现实中妇女的就业机会和就业层次总体低于男性；在婚姻家庭领域，法律规定妇女享有平等的继承权，但现实中女儿常常难以与儿子平等继承父母的财产。严格执法，就是要认真分析研究保障妇女权益、促进性别平等相关法律规定在落实中存在的问题，采取积极措施加以解决。

严格执法要认真落实禁止歧视的法律规定。随着我国依法治国进程的加快推进，显性性别歧视在减少，隐性性别歧视在增加，这对严格执法提出了更高要求。例如，《就业促进法》第二十七条规定："国家保障妇女享有与男子平等的劳动权利。""用人单位招用人员，除国家规定的不适合妇女的工种或者岗位外，不得以性别为由拒绝录用妇女或者提高对妇女的录用标准。""用人单位录用女职工，不得在劳动合同中规定限制女职工结婚、生育的内容。"但现实中，妇女求职时常会遭遇性别歧视。个别用人单位在招聘广告中直接标明仅限男性；还有一些用人单位虽然没有明确表示，但在招聘中对女性求职者提出婚姻、生育等与工作岗位无关的问题，并以此作为拒绝聘用女性的考虑因素，实际上就是隐性歧视。相关部门在执法中应高度重视这类问题，努力消除各种形式的性别歧视。

在执行涉及性别平等的积极措施及妇女特殊需求的法律规定中，要正确理解法律规定，避免造成曲解。比如，《选举法》《村民委员会组织法》及其地方法规，对人大代表、村委会成员中的女性比例作出明确规定，《村民委员会选举规程》也提出了详细具体措施，以确保村委会成员中有女委员。又如，《女职工劳动保护特别规定》对女职工的孕期、产期、哺乳期的就业权利和生育保护作出明确规定。但在法律法规实施中，一些积极措施和保护性条款没有得到正确解读，如村委会中"应当有女性成员"被理解为"有一名妇女"即可；对女职工劳动保护的规定立法本意是保障妇女权益，但在实施中抬高了女性就业门槛，减少了妇女的就业机会。因此，严格执法中要正确理解和贯彻男女平等基本国策。

法规节选

《村民委员会选举规程》（节选）

候选人中应当有适当的妇女名额，没有产生妇女候选人的，以得票最多的妇女为候选人。

村民委员会主任、副主任的当选人中没有妇女，但委员的候选人中有妇女获得过半数选票的，应当首先确定得票最多的妇女当选委员，其他当选人按照得票多少的顺序确定；如果委员的候选人中没有妇女获得过半数选票的，应当从应选名额中确定一个名额另行选举妇女委员，直到选出为止，其他当选人按照得票多少的顺序确定。

补选时，村民委员会没有妇女成员的，应当至少补选一名妇女成员。

资料来源：民政部：《关于印发〈村民委员会选举规程〉的通知》（2013年5月2日），民政部网站，http://www.mca.gov.cn/article zwgk/fvfg/ jczqhsqjs/201305/20130500454 833.shtml。

3. 在执法监督中促进男女平等

各级人大、政府、政协、民主党派和妇联等人民团体，依据各自工作职责，在对法律执行的监督中关注并积极推进男女两性平等参与和共同受益，共建共享。

各级人大常委会在执法监督中既要重视《妇女权益保障法》等专门法律法规的执法检查，也要在其他涉及保障妇女权益法律法规的执法检查中关注男女平等问题。比如，在《劳动合同法》《就业促进法》的执法检查中，应当关注劳动力市场上的就业性别歧视问题；在《土地承包法》的执法检查中，应当关注农村妇女土地权益状况；在《村民委员会组织法》的执法检查中，应当关注村委会成员和村民代表中的女性比例等情况。同时，在执法检查中通过分性别数据资料的收集、分析和研究，客观了解掌握法律实施给男女平等发展带来的不同影响。

实践事例

上海市妇儿工委探索建立接受人大、政协监督的新机制

上海市妇儿工委积极争取市人大、市政协将对妇女儿童事务的监督和调研纳入其常规工作，还建立了向人大、政协进行年度工作汇报和重大事件报告机制。市妇儿工委每年的全委会，都特邀市人大、市政协参会；每年主动向其汇报年度妇女儿童发展状况、重点难点工作推进情况，以及下年度妇女儿童工作思路；在编制规划中，主动邀请市人大代表、市政协委员参加，充分听取他们的意见，发挥其监督作用。此外，区县一级也在积极争取区县级人大和政协的监督与指导。部分区县建立了向区县人大、区县政协常委会定期汇报、重大事项专题汇报的工作制度；部分区县在开展妇女儿童发展规划的中期和终期评估中，主动邀请人大代表、政协委员参与评估。

资料来源：节选自上海市妇联提供的案例。

各级政府要加强对相关法律法规规章执行情况的性别审查和监督。开展劳动监察，对违反男女平等法律法规的行为，及时采取处罚措施。加强对大众传媒的审查监督，包括广播电视节目、影视作品、新闻报道、广告等，认真审查是否存在歧视、物化和污名化女性等内容，并依法坚决予以纠正和处罚。乡镇政府在审查监督村规民约时，应审视其是否存在与男女平等原则不一致甚至相冲突的情况，比如，一些地方的村规民约违背法律法规关于妇女土地权益、财产权益等规定，对此应责令改正。

法律节选

村民委员会组织法（节选）

第二十七条 村民会议可以制定和修改村民自治章程、村规民约，并报乡、民族乡、镇的人民政府备案。

村民自治章程、村规民约以及村民会议或者村民代表会议的决定不得与宪法、法律、法规和国家的政策相抵触，不得有侵犯村民的人身权利、民主权利和合法财产权利的内容。

村民自治章程、村规民约以及村民会议或者村民代表会议的决定违反前款规定的，由乡、民族乡、镇的人民政府责令改正。

政协、民主党派在民主协商、民主监督中要注重从性别平等视角监督执法活动，对相关法律的执行情况进行调研，针对执行中存在的问题提出对策建议。妇联等人民团体要在民主监督中积极开展性别平等议题调研，积极参与执法检查，积极推动建立完善法规政策性别平等评估机制，推动男女平等基本国策在法律监督中有效落实。

三、在公正司法中贯彻男女平等基本国策

完善司法管理体制和司法权力运行机制，规范司法行为，加强对司法活动的监督，落实男女平等的法律规定，让妇女群众在司法实践中感受到性别上的公平公正。

1. 在适用法律中体现性别平等

我国相关法律对于违反男女平等原则的违法犯罪行为，规定了相应的法律责任；针对侵犯妇女权益的行为，规定了相应的救济措施，这些成为司法机关适用法律的依据。

　　司法解释应充分尊重妇女主体地位，落实男女两性在政治、经济、文化和社会生活各方面的平等权利，保障妇女合法权益。例如，《婚姻法司法解释（三）》第四条规定在婚姻关系存续期间可以请求分割夫妻共同财产，保证婚姻关系存续期间夫妻处于弱势一方的财产权；第九条将生育权作为独立的人格权而非身份权，保障妇女的生育权；第十八条规定离婚后发现有尚未分割的夫妻共同财产的仍可以请求分割，保障离婚妇女的财产权。

法律节选

婚姻法司法解释三（节选）

　　第四条　婚姻关系存续期间，夫妻一方请求分割共同财产的，人民法院不予支持，但有下列重大理由且不损害债权人利益的除外：

　　（一）一方有隐藏、转移、变卖、毁损、挥霍夫妻共同财产或者伪造夫妻共同债务等严重损害夫妻共同财产利益行为的；

　　（二）一方负有法定扶养义务的人患重大疾病需要医治，另一方不同意支付相关医疗费用的。

　　第九条　夫以妻擅自中止妊娠侵犯其生育权为由请求损害赔偿的，人民法院不予支持；夫妻双方因是否生育发生纠纷，致使感情确已破裂，一方请求离婚的，人民法院经调解无效，应依照婚姻法第三十二条第三款第（五）项的规定处理。

　　第十八条　离婚后，一方以尚有夫妻共同财产未处理为由向人民法院起诉请求分割的，经审查该财产确属离婚时未涉及的夫妻共同财产，人民法院应当依法予以分割。

　　法官的性别平等意识对在公正司法中贯彻男女平等基本国策至关重要，影响着法官在审判中遵循男女平等原则、通过适当行使自由裁量权依法保障妇女权益的自觉性和能动性。例如，一些法官在适用法律过程中，没有机械照搬婚姻法第四十条家务劳动补偿条款中有关前置要件（即分别财产制）的规定，而是根据婚姻法有关男女平等和保护女方利益的原则与理念，对于妇女家务劳动补偿的请求予以支持。在公正司法中还要充分发挥女法官的作用。实践证明，女法官常常更理解妇女在婚姻家庭特别是生育养育孩子等方面的付出和贡献，在具体案件的审理中积极维护妇女合法权益。

　　近年来，各地法院根据妇女维权案件的特点积极探索，成立妇女维权合议庭，处理涉及妇女儿童权益的相关案件，为切实维护妇女权益提供制度性保障。注重人民陪审员中的女性比例，2014年，人民陪审员中女性比例为35.6%，大部分省（区、市）的县级以上妇联干部均有一定比例担任人民陪审员。各地妇联组织还与司法行政部门合作创立了人民调解委员会，参与涉及妇女儿童权益的纠纷调解。

2. 为妇女提供法律援助和司法救助

　　《妇女权益保障法》第五十二条第二款规定："对有经济困难需要法律援助或者司法救助的妇女，当地法律援助机构或者人民法院应当给予帮助，依法为其提供法律援助或者司法救助。"对妇女的法律援助和救助，是相关政府部门、妇联组织等的共同责任。

政府十分重视为妇女提供法律援助，注重发挥妇女法律援助机构的作用。2014年获得法律援助的138.8万人中，妇女有35.2万人，占总数的25.4%。各地的法律援助中心将妇联组织的法律援助机构纳入其中，比如"陕西省法律援助中心妇女工作部""广东省法律援助中心妇女权益部"等。司法部门还与妇联组织联合组建"妇女法律援助律师团"，如北京市原宣武区司法局和宣武区妇联共同组建了"妇女法律援助律师团"。2005年，全国妇联法律帮助中心成立，随之各地各级妇女法律援助机构纷纷设立，许多地方逐渐形成了覆盖城乡的妇女法律援助网络。2007年以来，全国妇联权益部、全国妇联法律帮助中心及中国法律援助基金会共同开展了"中国妇女法律援助行动"，为符合条件的城乡妇女提供权益保护方面的法律援助。

图2-2　西藏自治区日喀则市公安局、妇联为"妇女儿童维权服务岗"授牌

3. 监督司法中的性别平等

督促司法中贯彻男女平等基本国策，不仅司法机关内部要实施监督，各级人大、妇联等人民团体和社会组织、媒体和公众都应该在司法监督中发挥作用。

人大及其常委会通过听取汇报、询问、质询、视察、特定问题调查和罢免等方式，从性别平等视角审视相关司法活动，确保妇女合法权益在司法实践中得到切实维护。

司法机关通过对审判活动的监督，从性别平等视角对相关案件和判决结果是否贯彻男女平等原则进行审视，发现侵犯妇女权益的问题，应当启动审判监督程序，坚决予以纠正。

妇联等人民团体和社会组织通过源头参与的方式对司法解释等法律适用文件，从性别平等视角提出意见和建议，通过信访、维权热线、法律帮助中心等渠道了解妇女权益受侵害的典型案例，通过提供法律援助等个案维权的方式，实现对司法活动的监督。

媒体和公众在司法监督中要发挥积极作用。在信息社会，媒体和公众参与司法监督的机会越来越多，途径越来越广。实践中，一些引起社会关注的侵害妇女权益的典型案件，首先是由媒体曝光进而推动解决的。相关部门和妇女组织要积极引导和利用新媒体优势，深入推动司法活动贯彻男女平等基本国策，切实保障妇女合法权益。

☆ **相关案例**

案例 1 在《村民委员会组织法》修订
与实施中贯彻男女平等基本国策

村民自治是改革开放以来党和国家推进政治体制改革和基层民主的一项重要举措。我国于 1987 年制定了《村民委员会组织法（试行）》，1998 年正式颁布实施。该法对村民委员会的组成、职责及选举方法等作出明确规定，对村民自治制度的普遍推行和农村基层民主的加速发展发挥了重要作用。

在村委会直接选举制度逐步推广的过程中，一些地方出现了妇女进村委会比例总体下降的情况。据调查，1999 年青岛村委会班子换届后，妇女进村委会的比例下降了 19%；江苏省第五届村委会换届选举中一些村也出现了女委员空白、村级女干部任职层次偏低、少数妇代会主任落选等问题。2000 至 2005 年，女性进入村委会的比例一直在 15% 至 16% 徘徊。鉴于村民自治实行过程中出现的新问题，2005 年国家启动了对《村民委员会组织法》的修订工作。在该法的修订和实施中，民政部等相关部门注重贯彻男女平等基本国策，出台相关配套政策措施，实行项目干预，积极与妇联组织及其他非政府组织合作，共同推动男女平等参与村民自治实践。

一、在《村民委员会组织法》修订中体现性别平等意识

《村民委员会组织法》修订过程中，在立法准备、法律草案的形成和文本的确定等各个阶段都较好贯彻了男女平等原则。

1. 立法准备阶段关注农村妇女的参政权利

民政部 2004 年在北京召开了"促进农村妇女参与村民自治论坛"。与会者在讨论中提出，国家在修改《村民委员会组织法》时，应在村委会换届选举指导组、村选举委员会、村委会、村民代表、村民小组长等人员组成中确定女性比例，保证妇女的选举权和被选举权。会议提出的通过立法提高村委会成员中妇女比例等观点和建议，为《村民委员会组织法》修订工作中贯彻男女平等基本国策奠定了基础。

民政部不断完善性别统计数据，为修订《村民委员会组织法》、促进农村妇女参与基层民主管理提供了决策依据。2007 年，民政部在国家统计局的支持下，对民政统计报表中有关村民自治的指标进行修改，强化性别统计，在保留"女村委会成员数"的基础上，增加了"女村委会主任数"和"女村民代表数"等性别指标。2008 年，民政部在开发中国农村村民自治信息系统时，也将农村妇女参与状况单独列项，专门统计。这些性别统计指标的建立和不断完善，为各级民政部门准确掌握农村妇女参与村民自治状况提供了数据支持。

2. 在法律草案形成阶段积极征求各方意见

《村民委员会组织法》修订中，民政部召开全国村委会换届选举工作情况分析会，对农村妇女参与村委会选举情况进行专题讨论，分析妇女参与基层民主管理的现状，提出村委会成员和村民代表会议组

成人员中的女性比例等建议，并推动将相关建议写入修订草案。

在修订草案起草过程中，全国人大内务司法委员会、国务院法制办、民政部等部门成立调研组，深入北京、安徽、辽宁等地开展立法调研，听取地方党委和政府相关部门贯彻实施《村民委员会组织法》的情况汇报，重视农村妇女参与村民自治的问题。

积极征求妇联组织的意见。2008年，全国妇联向全国人大提交了《关于在新修订的〈村民委员会组织法〉中进一步促进妇女参政的建议》。在《村民委员会组织法》修订过程中，相关部门专门征求全国妇联的意见，采纳了相关建议。

3.《村民委员会组织法》在男女平等方面实现新突破

2010年10月颁布实施的《村民委员会组织法》不仅完善了村民自治制度，也进一步体现了男女平等基本国策的精神，主要表现在：将村委会成员中"妇女应当有适当的名额"修改为"应当有妇女成员"；明确规定了村民代表中女性比例，要求"妇女村民代表应当占村民代表会议组成人员的三分之一以上"；将"促进男女平等"纳入村民委员会的职责范畴，提出"村民委员会应当宣传宪法、法律、法规和国家的政策……促进男女平等"；明确提出"村民自治章程、村规民约以及村民会议或者村民代表会议的决定不得与宪法、法律、法规和国家的政策相抵触，不得有侵犯村民的人身权利、民主权利和合法财产权利的内容"，为村规民约从性别平等视角的审查和修订提供了法律依据。

二、在《村民委员会组织法》实施中积极推进妇女参与村民自治

出台积极政策，贯彻落实农村妇女参与村民自治的法律规定。

《中国妇女发展纲要（2011—2020年）》提出了农村妇女参与村级公共事务管理和决策的具体目标，即"村委会成员中女性比例达到30%以上，村委会主任中女性比例达到10%以上"。民政部2013年印发的《村民委员会选举规程》对落实村委会中有妇女成员作出具体规定："候选人中应当有适当的妇女名额，没有产生妇女候选人的，以得票最多的妇女为候选人"，"村民委员会主任、副主任的当选人中没有妇女，但委员的候选人中有妇女获得过半数选票的，应当首先确定得票最多的妇女当选委员"，"补选时，村民委员会没有妇女成员的，应当至少补选一名妇女成员"等。

出台地方配套法规和积极措施，加速推进村民自治实践中的男女平等。2010年修订的《村民委员会组织法》颁布后，民政部及有关部门积极指导各地修订地方村民委员会组织法实施办法、村委会选举办法等配套法规。许多省份在配套法规中对妇女参与基层民主管理作出了具体规定。例如，江西省在村民委员会组织法实施办法和村民委员会选举办法中，进一步明确了女性候选人定位产生、定位选举、定位补选的政策措施；河北省在相应法规中也增加了保障农村妇女参与村民自治的相关条款，提出："村务监督机构应当有妇女成员"，村民委员会成员"候选人中应当有妇女候选人，没有产生妇女候选人的，以得票最多的妇女为候选人"。

开展项目试点，探索推动农村妇女参与村民自治的有效途径。2010年以来，联合国妇女署和全国妇联共同开展"推动中国妇女参政项目（2011—2014年）"，全国妇联和民政部分别与李嘉诚基金会合作开展了对村"两委"女干部进行培训的"启璞计划"和"展璞计划"。这些项目从不同层面对推动农村妇女参与村民自治的方法和途径进行了有效探索。

图 2-3 湖南岳阳县三荷乡荞藤村选举村委会主任，女候选人在发表竞选演说

加强研讨交流与工作部署，推广农村妇女参与村民自治的经验。民政部、全国妇联等部门多次召开座谈会和经验交流会，研讨和推广在民主选举、民主决策等村民自治的各个环节保障妇女参政权利的途径和做法。2014 年 7 月，中组部、民政部和全国妇联联合召开部分省份村"两委"换届选举工作座谈会，研究部署新一轮村"两委"换届选举工作，并对妇女进村"两委"工作进行了总结和部署，要求制定换届工作的意见和方案时把村"两委"至少各有 1 名女性、农村妇代会主任 100% 进村"两委"、村"两委"女性成员和女性正职比例高于上届等内容纳入换届选举工作中。

《村民委员会组织法》修订实施以来，通过各级政府相关部门和社会各界的共同推动，农村妇女参与基层民主管理的比例明显提升，参与意识和能力不断提高。

村委会成员中女性比例提高。2014 年村委会成员中女性比例为 22.8%，比 2000 年提高了 7.1 个百分点。其中，吉林、上海、北京、山东村委会成员中女性比例达到了 30% 左右；湖北、安徽、重庆等地的比例也超过了 25%。2014 年村委会主任中女性比例达到 12.3%，比 2000 年也有了明显提高。其中，上海、河南、西藏等地村委会主任中女性比例均超过 20%。

农村妇女参与村民自治的途径拓宽。随着《村民委员会组织法》的贯彻实施以及村民自治制度的不断完善，农村妇女通过进入村务监督小组、担任村民代表等渠道，在村民自治中拥有了更多的民主参与机会。2012 年全国村民代表中女村民代表的比例为 27.2%。分地区来看，辽宁省女村民代表的比例最高，达到 46.3%；广东、河北、江苏等 6 省（区）女村民代表比例均超过了 30%；一些省份的部分村庄女村民代表比例达到了 50% 以上。

案例 2　家庭暴力告诫制度
——江苏省的做法与经验

2013 年 7 月，江苏省高院、省检察院、省公安厅和省妇联四部门联合出台了《江苏省家庭暴力告诫制度实施办法（试行）》，旨在充分运用治安行政指导手段，将教育、矫治和惩戒相结合，发挥教育和矫治在防治家庭暴力中的作用，加强对家庭暴力的早期干预，推动解决当前公权力对家庭暴力干预手段不足、被动和滞后等问题。

一、开展调查研究，明确反家暴工作的重点难点问题

江苏省相关部门通过信访和开展专题调研等渠道，了解家庭暴力发生状况和预防制止家庭暴力工作中存在的问题。据江苏省妇联信访统计，家庭暴力投诉占信访投诉的 20% 左右，且连续几年居高不下。家庭暴力给受害人造成了身体和精神上的伤害，严重影响家庭稳定和未成年人成长，如不及时予以干预，更易引发以暴制暴的恶性刑事案件，严重危害社会稳定。调查显示，预防和制止家庭暴力工作主要存在以下挑战。

家庭暴力具有隐蔽性、隐私性，当事人一般有很多共同利益，这些不同于一般暴力侵害的特性，对维护受害者权益带来许多挑战。家庭成员之间所特有的共同利益、身份关系和生活依赖，使得单纯惩戒在家庭暴力干预中难以真正奏效，无论何种处罚，都会对家庭成员的共同利益造成损失，受害人常常不愿看到加害人

受到行政处罚或刑罚，造成惩戒措施的少用和慎用，一定程度上纵容了家庭暴力的发生。

对家庭暴力的救济缺乏。民事救济属事后救济，且婚内难以主张，在离婚时也存在举证难、赔偿少等问题；行政救济和刑事救济虽最具震慑力，但也主要是事后惩戒，干预手段单一、被动滞后。行政救济作为当前家庭暴力干预的主要手段，但单纯治安行政处罚不能有效防治家庭暴力，还会增加行政成本，因而公安机关使用行政处罚处理家庭暴力案件极其谨慎，这也使行政救济对于家庭暴力的干预变得更加被动和滞后。

家庭暴力取证困难。公安机关在处理家庭暴力过程中虽然做了大量工作，如制止、劝解、训诫等，但这些工作大多采取口头方式，没有留下书面证据。法院对家庭暴力的认定证据要求严格，但受害人对家庭暴力取证意识薄弱，往往在离婚和损害赔偿诉讼中因证据缺失而很难得到支持。

从现有立法看，无论是国家法律还是江苏地方性法规，都未形成教育、矫治和惩戒相结合的干预家庭暴力的综合法律制度，缺乏以预防为主、早期干预为原则的制度规范，对家庭暴力的干预手段主要依靠事后的行政、刑事惩戒，没有充分发挥教育和矫治手段的作用。

针对上述问题，江苏省妇联和省公安厅等部门，结合江苏地方实际，借鉴国内外有益经验，积极探索防治家庭暴力的新路径，建立了家庭暴力告诫制度。

二、探索建立家庭暴力告诫制度

试点先行。2012 年 11 月，江苏省妇联会同省公安厅在全省范围内选定 18 个县（市、区）开展家庭暴力告诫工作先行试点，尝试通过书面告诫方式警示加害人，以防止家庭暴力的升级和蔓延。省妇联、省公安厅邀请全国知名婚姻家庭法专家授课，对试点地区妇联干部和公安干警进行专题培训，为开展试点提供思路和方法。

图 2-4　南通市公安局、妇联联合召开全市家庭暴力告诫制度推进会

调研探索。经过半年多的试点工作，2013 年 4 月初，省妇联和省公安厅组成了联合调研组，先后赴南京、苏州、徐州、泰州、南通等试点地区开展专题调研，与法律专家座谈研讨告诫制度的法律依据、意义和性质，与试点县（市、区）相关人员以及公安干警一起讨论告诫制度的流程和规范，考察家庭暴力案件中已发告诫书对加害人所起的教育和警示作用。南京、苏州两市及时总结试点经验并进一步制度化和规范化。2013 年 5 月，苏州市公安局、市中院、市检察院和市妇联联合制定了《苏州市家庭暴力告诫办

法》。2013 年 6 月，南京市公安局印发了《南京市公安局处置家庭暴力警情工作规范》。

全省实施。在总结试点工作成效基础上，2013 年 7 月 25 日，江苏省高院、省检察院、省公安厅、省妇联联合印发《江苏省家庭暴力告诫制度实施办法（试行）》，自印发之日起实施。2013 年 7 月 27 日，江苏省维护妇女儿童合法权益联席会议在南京召开了全省反对家庭暴力专题会议，部署在全省范围内实施家庭暴力告诫制度。

三、完善家庭暴力告诫制度的运作机制

规范处警。公安机关接到家庭暴力报警求助后，事发地公安派出所需立即调派警力到达现场，及时制止正在发生的家庭暴力行为，控制家庭暴力加害人，维护现场秩序；受害人需要立即就医的，积极协助联系医院组织救治，根据需要进行临时庇护及委托伤情鉴定；及时询问当事人和现场目击证人，使用录音、录像、摄像等方式固定相关证据；在依法查明事实后，对违反治安管理或涉嫌犯罪的行为依法处理，对情节轻微、符合告诫条件的，启动告诫程序。

告诫警示。对情节特别轻微，或主动消除或减轻违法后果并取得受害人谅解，或经公安机关调解达成协议等依法不予行政处罚的家庭暴力行为，由公安机关对加害人进行教育、警示，并送达书面家庭暴力告诫书，督促家庭暴力加害人改正违法行为。

矫治救助。妇联主动配合公安机关做好家庭暴力投诉的调解和处理工作，在收到公安机关抄送的告诫书后及时和受害人进行

联络并提供法律帮助，积极开展跟踪回访，督促加害人及时纠正违法行为。

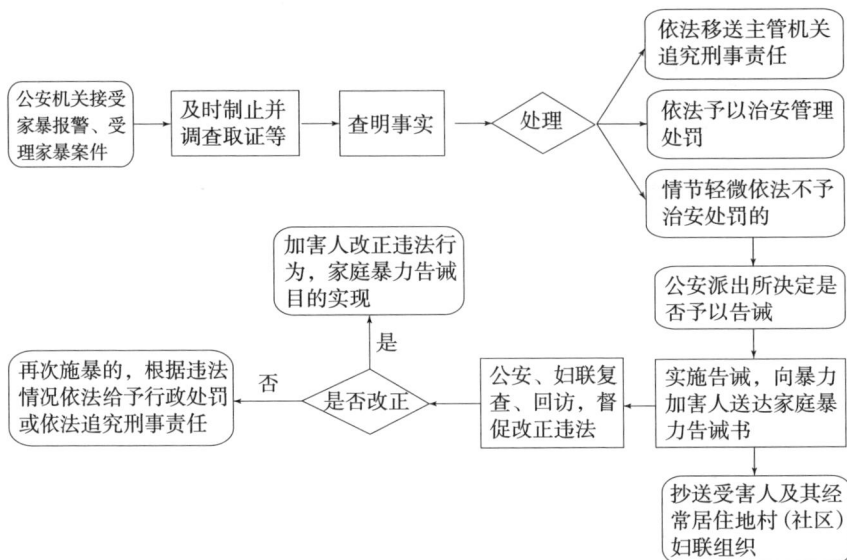

图 2-5 江苏省公安机关家庭暴力告诫流程图

诉讼追究。告诫制度不仅赋予了告诫书在司法上的证据效力，而且明确将告诫作为行政处罚和刑罚的从重处罚情节。《江苏省家庭暴力告诫制度实施办法（试行）》规定："人民法院依法受理的涉及家庭暴力的民事案件，公安机关做出的家庭暴力告诫书可以作为人民法院认定实施家庭暴力的证据。""人民法院依法受理的家庭暴力人身伤害刑事案件，在该刑事案件发生之前公安机关曾对加害人进行过告诫的，可以作为人民法院处理该刑事案件的酌定从重情节。"

家庭暴力告诫制度的有效实施，可以警示和教育家庭暴力加害人，使家庭暴力在初发阶段就能得到行政干预而被及时控制，有效预防和减少因家庭暴力引发恶性案件的潜在可能。据南京市公安局统计，截至 2014 年 8 月，南京市公安局累计发放告诫书438 份，均未发生重复家暴，家庭暴力警情总量也呈下降趋势。这项制度的运行特点如下。

第一，谨慎探索。家庭暴力告诫制度没有先例可循，而且又涉及政府公权力运行，稍有不慎可能增加行政诉累、影响政府公信力。省妇联联合公安等四部门通过试点探索，积累了基本经验；经过充分调研论证，形成了概念轮廓，为家庭暴力告诫制度在全省实施打下了坚实基础。

第二，合力防治。家庭暴力防治工作是一项系统工程，需要坚持教育、矫治与惩罚相结合原则，需要公安、法院、妇联等齐抓共管，合力防治。对家庭暴力的调查取证、告诫警示及行政处罚等程序由公安机关实施；对家庭暴力加害人追究刑事责任由检察机关实施；对家庭暴力民事、刑事案件的审判、执行由法院实施；对家庭暴力加害人进行认知教育辅导、心理辅导、戒瘾治疗，开展跟踪回访工作，督促加害人及时纠正违法行为，由妇联和公安等共同实施。

第三，靠前干预。家庭暴力若得不到及时干预处置，极易引发以暴制暴的恶性刑事案件，危害社会稳定，造成社会资源严重浪费。预防为主、早期干预是家庭暴力防治的基本原则之一。家庭暴力告诫制度正是通过对轻微家庭暴力予以治安行政指导，实现了对家庭暴力的早期干预，防止家庭暴力的进一步恶化升级。

2

案例 3　立法先行　部门联动
——湖南制定和实施反家庭暴力地方法规的经验

1996 年，长沙市委、市政府在全国率先出台《关于预防和制止家庭暴力的若干规定》。同年，湖南省妇联向省人大常委会呈送了《关于请求将制定我省反家庭暴力法规纳入 1996—1997 地方立法规划的报告》。随后湖南省各级妇联协调推动，党委、人大、政府、政协以及各职能部门密切配合，大力推进，逐步建立党委领导、政府执行、社会协同的工作模式，2000 年制定出台全国第一个反家庭暴力地方法规，在全国实现"八个率先"，创造了具有湖南特色的反家暴经验。

一、制定出台反家庭暴力地方法规

1996 年，湖南省人大常委会将制定反家庭暴力地方性法规列入立法规划，省妇联具体承担法规试拟稿起草工作。随后，省人大内务司法委员会与省妇儿工委进行反复论证。1998 年，湖南省人大常委会将反家暴立法纳入调查论证范围，省人大内务司法委员会向省人大常委会提出了议案。

2000 年 3 月 31 日，湖南省第九届人民代表大会常务委员会第十四次会议通过了《湖南省人民代表大会常务委员会关于预防和制止家庭暴力的决议》（以下简称《决议》），规定"家庭暴力是指发生在家庭成员之间的，以殴打、捆绑、禁闭、残害或者其它手段对家庭成员从身体、精神、性等方面进行伤害和摧残的行为"。

《决议》将预防和制止家庭暴力纳入了社会治安综合治理范畴，要求基层司法行政机构、村（居）民委员会等及时调解家庭纠纷，预防家庭暴力行为的发生，并对相关部门作出具体要求。

《决议》是我国第一部由省人大常委会通过的预防和制止家庭暴力的地方性法规，从中国国情出发，定义和诠释了家庭暴力概念；对我国现有法律涉及家庭暴力行为条款进行了集中表达；明确了要对家庭暴力当事人给予帮助；明确了家庭暴力加害人应负的法律责任。

二、完善反家庭暴力的配套政策措施

《决议》出台后，湖南省反家暴工作进入一个新阶段，各部门通力合作，推动反家暴政策体系建设不断创新发展。

一是零家庭暴力社区创建工程。2001 年 5 月，长沙市芙蓉区开始率先实施创建"零家庭暴力社区"工程，建立了七大维权网络和系统的考核评估奖惩制度，探索建立社会化、制度化防治家庭暴力的工作机制。

二是反家暴综治考评刚性机制。2003 年，省综治委将预防和制止家庭暴力工作纳入全省社会治安综合治理的考核内容，在"群众评价"部分占 1 分。2012 年正式进入湖南省社会治安综合治理评分体系，占 1 分，由省妇联考评。与此同时，各市（州）也参照省里做法，将反家暴工作纳入本地区综治考评体系。

三是法官审理家暴案件的指导意见。2009 年 4 月，湖南省高院正式出台《关于加强对家庭暴力受害妇女司法保护的指导意见（试行）》，这是我国首个由省级法院制定的家庭暴力案件审理制度性文件，其中关于"证据认定规则""人身安全保护裁定"及"以暴制暴案件从轻减轻处罚"等规定，是反家暴司法保护制度建设

的创新和突破。

四是"人身保护令"的多机构合作模式。2010年5月，长沙市政法委出台《关于深入推进预防和制止家庭暴力司法执法工作的若干意见》，进一步强化政法部门机构间的联动合作，明确在全市范围内推行"人身安全保护裁定"，细化公安机关、基层组织的协助职能，成为全国首个由政法委牵头规范反家暴司法执法工作的新模式。

五是警察处理家暴报警的标准规程。2013年4月，省公安厅制定下发《湖南省公安机关办理家庭暴力案件工作规定》，明确了公安机关办理家庭暴力案件的工作原则、职责和流程，强调风险评估、受害人为本以及调解优先。这是我国首个由省级公安机关发布的警察处理家庭暴力案件规范性文件，进一步提高了湖南省基层民警接处家暴案件的能力和效率。

六是覆盖全省的反家暴倡导培训体系。2009年5月起，省公安厅与省妇联合作，在全省基层派出所所长（教导员）轮训班中安排半天时间的反家暴培训内容，用两年时间对全省所有派出所所长、教导员进行反家暴培训，是国内首次覆盖全省警察队伍的反家暴培训。2014年11月，省公安厅将民警办理家庭暴力案件技能培训纳入全省各级派出所长、接处警民警、社区民警等培训班。5年来，湖南省建立专业的培训团队，引入国外培训的成功模式，在法官、警察、司法所长、律师、妇联干部、社区工作人员等群体中开展反家暴培训，培训各类骨干5000余人。"社会性别与反家暴"成为湖南警察学院、湖南司法警官学院的正式课程。

三、建立基于个案服务的多部门合作机制

经过十多年探索，反家暴地方立法和政策制定初显规模，湖南省各相关部门将工作目标聚焦到个案服务。长沙市的浏阳市、宁乡县、开福区等县、区，探索国际经验的本土化建设，开始尝试建立基于风险评估先行、个案服务转介、专业力量干预的多机构合作模式。

2013 年以来，长沙市妇联联合公、检、法、司等部门，大力推进家庭暴力案件危险评估，建立多机构合作、识别和干预家庭暴力案件网络。每一个家暴案例都会制作一份家暴危险评估量表，一旦超过高危家暴标准，市妇联会立即启动多机构合作模式，针对夫妻调解、家庭财产分割、孩童心理疏导等问题明确分工，细化解决处理。对于高危案例，市妇联及时转介到各成员单位，并将案件处置情况进行了逐级转介、登记、处理、备案，成功地协调处理了一批高危个案，降低致命风险，保护受暴者的人身安全。

案例 4　人身安全保护裁定制度
——福建省莆田市城厢法院的探索

在涉及家庭暴力婚姻案件审理中，普遍存在受害人的人身安全受威胁、精神受控制现象，甚至存在典型的"分手暴力"问题，严重影响正常的诉讼活动。因此，人民法院对被害人采取保护性措施，包括以裁定形式采取民事强制措施，保护受害人的人身安全，也确保诉讼程序的严肃性和公正性。人身安全保护裁定（俗称人身保护令）是人民法院为保护家庭暴力受害人及其子女和特定亲属的人身安全、确保诉讼程序正常进行而做出的一种强制措施，实现了司法审判从事后惩罚施暴者向事前保护受害者的转变。人身安全保护裁定内容包括禁止施暴者殴打、威胁受害人及其亲友；禁止一方擅自处理价值较大的夫妻共同财产；责令施暴者搬出双方共同的住处、自费接受心理治疗等。

2008 年，最高人民法院中国应用法学研究所制定的《涉及家庭暴力婚姻案件审理指南》（以下简称《审理指南》）详细规定了人身安全保护裁定的内容及程序，并在全国确定 9 个《审理指南》的基层试点法院，福建省莆田市城厢法院是首批试点法院之一。城厢法院在试点中，积极探索实施人身安全保护裁定制度，取得成效，为相关法律的制定和修改提供了参考。

一、尝试对人身安全保护裁定单独立案

根据《审理指南》规定，人身安全保护裁定的申请人获得人

身安全保护裁定后，必须于 15 日之内提起离婚诉讼。逾期未提起离婚诉讼的，裁定自动失效。但实践中，部分受害人暂时不想离婚，只想摆脱家庭暴力。为保障受害人在婚姻关系存续期间也有过无暴力生活的权利，城厢法院作出以下司法创新。

一是根据《最高人民法院民事案件案由规定》，将人身安全保护裁定纳入"婚姻家庭纠纷"案由，使人身安全保护裁定成为一个可以单独申请的事项；二是对申请人提供的初步证据进行审查后，认为符合条件的，在 48 小时内作出人身安全保护裁定。此类裁定的有效期通常为 6 个月，自送达之日起生效，送达后立即执行。

截至 2015 年 6 月，城厢法院反家庭暴力合议庭以单独案由共受理两份申请，并及时发出人身安全保护裁定。经对申请人进行跟踪回访后发现此举效果良好。此项司法创新能够警告潜在的施暴人，有效预防婚姻关系存续期间的家庭暴力，对完善人身安全保护裁定制度具有重要的价值。

二、联合公安机关解决人身安全保护裁定执行问题

人身安全保护裁定要达到保护受害人的目的，首先要使施暴人意识到违反人身安全保护裁定的严重法律后果而不敢以身试法。公安机关既有行政执法权，又有刑事侦查权，而且有威慑力强大的拘留和逮捕执行权。人身安全保护裁定涉及对公民人身权利的限制，公安机关作为执行机关，既能快速、及时地保护受害人，也能对施暴人形成强大的威慑力。

中国的人身安全保护裁定制度源自没有法律约束力的《审理指南》，且处于探索试点阶段，未上升到立法，无法给公安机关规定义务。为解决人身安全保护裁定的强制执行问题，城厢法院向城

厢区委建议建立反家庭暴力部门联动机制。在城厢区党委高度重视下，城厢区专门成立"反家庭暴力领导小组"，由政法委领导全区反家庭暴力工作，建立了公安、检察、法院、司法行政等多部门联动机制。2012 年 5 月，城厢区出台《关于构建预防和制止家庭暴力联动机制的若干意见》，其中第三条第二款第 8 项规定："公安机关对违反人民法院生效裁定的行为，应当及时制止，控制被申请人，并根据情节对违反保护裁定的行为人予以处罚。"2013 年 9 月，城厢区法院与公安机关联动，首次由公安机关依法对违反人身保护裁定的施暴人进行行政拘留。

图 2-6   城厢法院法官在向公安机关送达协助执行通知书

在法院的积极推动下，福建省委领导相继作出重要批示，要求严格规范家庭暴力处置工作，提升化解家庭矛盾纠纷、处置家庭暴力的工作效能。2013 年 10 月，莆田市公安局出台了《莆田市公安机关办理家庭暴力案件工作规定》，其中第二十六条规定："家庭暴力施暴者违反人民法院作出的保护受害人人身安全保护裁定涉嫌违法犯罪的，公安机关应当依法给予治安管理处罚或追究刑事责任。"该规定增强了莆田市公安机关对家庭暴力案件的干预力度，也有力地配合了人民法院的反家庭暴力工作。

截至 2015 年 6 月，城厢法院已经受理涉家庭暴力案件 121 件，发出人身保护令 62 份，创建了"九个全国第一"和"五个全省第一"。"九个全国第一"即：2010 年 5 月，召开了全国第一场"人身保护令复议听证会"；2011 年 8 月，发出全国第一份"保护现役男性军人"的人身保护令；2011 年 9 月，发出全国第一份驳回保护令申请的决定书；2012 年 1 月，发出全国第一份保护"留守儿童"的人身保护令；2012 年 9 月，发出全国第一份"单独立案"的人身保护令；2012 年 5 月，起草的《关于构建预防和制止家庭暴力联动机制的若干意见》，是全国第一家以区综治委名义出台实施的文件；2013 年 6 月，成立了全国首个"刑民合一"反家庭暴力综合合议庭；2013 年 9 月，全国首例与公安联动对违反保护令的施暴者予以行政拘留；2014 年 7 月，发出全国第一份"涉台"人身保护令。"五个全省第一"即：2010 年 3 月，成立福建省第一个反家庭暴力合议庭，发出福建省第一份人身保护令；2010 年 4 月，创建福建省第一家"零家庭暴力社区"；2010 年 11 月，创建福建省第一家"零家庭暴力村"；2013 年 9 月，发出福建省第一份"诉讼终结后"人身保护令。

实践证明，人身安全保护裁定不仅能够有力威慑施暴者，防止家庭暴力再次发生，而且能有效保护受害者的人身安全，改善家庭关系。截至 2015 年 6 月，城厢法院人身安全保护裁定制止家庭暴力的有效性高达 96.43%，不仅有效保护了受害者在家庭中的基本人权，还促进了婚姻家庭的稳定。

城厢法院有关人身安全保护裁定制度的探索创新产生了广泛的社会影响。莆田市成立了由副市长任组长、10 部门组成的反家庭暴力工作协调小组，建立健全事前预防、事中救助、事后救济与修复的联动工作机制。莆田市还设立了"反家庭暴力妇女庇护站"，制定了《莆田市预防和制止家庭暴力行为的暂行规定》。2014年 5 月，莆田市出台《莆田市反家庭暴力工作协调小组成员单位工作职责》，要求在市、县两级法院设立反家庭暴力合议庭，全面推广"人身保护令"，同时对判处管制、宣告缓刑的涉家庭暴力案件犯罪分子，根据犯罪情况适用刑事禁止令。2013 年 10 月，全国人大、全国妇联专程到城厢法院调研反家暴工作。全国人大还借鉴城厢法院反家庭暴力审判成果，在新修订的《民事诉讼法》中建立了行为保全制度，为人身安全保护裁定的适用提供了直接的法律依据。

第三章

政策决策与男女平等

政策是党和国家为实现一定历史时期的路线和任务而制定的行动准则和管理手段，是社会治理的"调控器"。男女平等基本国策作为国家促进性别平等和保障妇女权益的长期性和战略性政策，在保障社会公平、公正、促进男女平等、维护社会和谐稳定方面发挥着越来越重要的作用。在政策决策中贯彻落实男女平等基本国策，就是在政策制定、政策实施和政策评估中关注男女现实差异和妇女特殊需求，促进性别公正，保障男女平等享有发展机会、社会资源和发展成果。

一、在政策制定中贯彻男女平等基本国策

政策制定是政策决策的首要阶段，是政策科学的核心。在政策制定过程中贯彻男女平等基本国策，就是在政策问题的界定、政策方案的形成以及政策出台的各个环节，重视男女平等议题，积极回应妇女关切，关注两性和谐发展。

1. 界定政策问题

制定政策的目的是为了解决问题。政策问题的界定是认定政策的逻辑起点。政策制定者首先要对现实中的问题进行遴选，确定政策议题。在政策问题界定中贯彻男女平等基本国策，要求从性别平等视角出发，关注两性平等发展问题，重视保障妇女权益，将现实生活中两性不平等问题确定为政策问题。

将男女平等议题纳入政策问题界定的调研过程。将性别平等议题作为政策问题调研的内容，如在大学生就业问题的调研中，不仅要关注大学生就业面临的普遍性问题，尤其要重视关注女大学生就业所面临的特殊困境，关注劳动力市场中存在的性别歧视问题，关注女大学生独有的就业压力。认真听取妇联组织和性别研究智库对性别平等问题的观点和建议。如，为推动女性高层次人才的成长，中组部、人力资源和社会保障部、科技部、国家自

图 3-1　湖北省有关部门调研女大学生就业问题

然科学基金委、中国科协等联手全国妇联共同开展了女性高层次人才成长状况与政策推动调研，围绕女性高层次人才的成长状况、发展规律、主要困难与障碍，提出政策与建议，为扶持女性高层次人才成长政策提供了依据。

统筹考虑性别平等问题和经济社会发展问题。解决性别平等问题是经济社会发展的重要内容，思考经济社会发展政策议题时应将男女平等作为一个基本视角，客观系统地分析研究经济社会发展中的男女两性平等发展问题和妇女权益保障问题。如，为推动农村妇女参与基层民主管理，2008 年，民政部和全国妇联共同印发了《关于进一步加强新形势下妇女参加村民委员会工作的意见》，对提高农村妇女当选村委会成员和村民代表比例等都作出了具体规定，既有序扩大了基层民主管理的渠道，也调动了农村妇女的参与积极性。所以，在思考经济社会发展问题时，需要树立性别平等意识，将男女平等议题放在经济社会发展的大局之中统筹考虑。

对于调研中发现的男女不平等问题、妇女特殊需求问题，应纳入政策问题界定议程，系统地进行梳理和分析，确定解决问题的优先事项，区分解决问题的门类。党的十八届五中全会决定实施"全面两孩"政策，是基于我国人口与经济社会发展的形势作出的重大战略决策，有利于改善和解决目前我国劳动年龄人口逐渐减少、老龄化程度不断加深、出生人口性别比长期持续偏高等问题。妇女是人类生命繁衍的主体，也是经济社会发展的重要人力资源。要实现"全面两孩"政策所预期的人口红利，要重视就业领域性别歧视现象是否会由此凸显，给妇女入职和职业发展带来不利影响；要重视伴随着高龄孕产妇的增加，是否会造成孕产妇死亡率和出生缺陷率升高问题；要重视妇女生育后重返工作岗位或重新就业，对托幼服务、家政服务等社会公共服务的需求显著增加等问题。将上述问题纳入政策问题界定，研究制定和完善政策的具体配套措施，确保"全面两孩"政策的有效实施。

2. 形成政策方案

在政策目标的确定、方案的设计、方案的可行性论证等各项工作中贯彻男女平等基本国策，要求关注性别平等议题，重视两性发展差距，保障妇女合法权益。

在政策目标确定中体现性别平等理念。理念是行动的先导，政策方案制定者的性别平等意识一定程度上决定着政策目标确定中的性别平等内容和关注程度。确定政策目标不能单纯追求效率，更要体现社会公平，重视性别平等和性别公正，将男女两性的权利、机会和结果平等作为形成政策的指导原则和实现目标。如在就业政策目标确定中，既要考虑增加就业人数的目标要求，也要考虑性别、城乡等就业结构的不断改善，更要考虑妇女的特殊需求，合理配置政策资源，促进社会公平。

在政策方案设计中关注两性平等发展。政策方案的设计是政策方案形成的重要步骤，方案设计者要减少性别中立的内容，增加性别敏感性。政策方案设计要统筹考虑在配置资源和调节社会公共利益关系时，聚焦妇女群体与经济社会的同步发展，聚焦不同妇女群体的实际需求，聚焦妇女群体中的弱势人群，通过政策解决她们的实际困难。如在制定农村深化改革发展政策中，关注土地承包政策对男女两性发展的不同影响，形成具有性别敏感的政策方案。目前，土地承包政策以家庭为单位，受男婚女嫁婚姻模式的影响，一些婚嫁妇女的土地权益得不到保障，在娘家和婆家都没有土地。保障农村妇女的土地权益，需要从政策方案的设计入手，考虑现实中男女两性土地资源配置不平衡问题，确保妇女不因婚姻家庭变动失去土地承包经营权。中共中央办公厅、国务院办公厅《关于切实维护农村妇女土地承包权益的通知》规定："妇女离婚或丧偶后仍在原居住地生活的，原居住地应保证其有一份承包地。离婚或丧偶后不在原居住地生活、其新居住地还没有为其解决承包土地的，原居住地所在村应保留其土地承包权。"

背景资料

　　性别平等政策：从性别平等视角出发，在政策制定中充分考虑男女两性现实发展差距和不同需求，积极消除历史原因造成的男女不平等问题，从保障妇女权益出发，制定积极措施促进妇女发展，推动男女两性平等发展。

　　性别中立政策：指对男女无差别对待的政策，从政策表面看对男女两性是公平的，但在实施中可能会对男女两性产生不同的影响，造成男女两性不能平等分享经济社会资源和发展成果。

　　性别歧视政策：指基于性别的区别对待政策，结果造成男女两性权利和机会的不平等。

　　在政策方案论证中重视妇联组织和性别研究智库的意见建议。在政策方案的论证中，对涉及性别平等和妇女合法权益的问题，认真征求妇联组织的意见，发挥性别研究智库的咨询作用，从性别平等视角出发确立政策目标、设计政策措施、选择政策工具，体现男女平等和妇女发展与经济社会发展的协调统一，提高政策的科学性。例如，在国民经济和社会发展第十个五年计划草案关于建立阶段就业制度、发展弹性就业方式的征求意见中，有关部门积极主动听取全国妇联关于对"建立阶段就业制度"提法的意见，对草案中涉及性别平等和妇女发展的内容进行了完善。

3. 出台政策

政策出台是政策方案形成后，经过政策决策审查，审议通过并公布政策。政策出台是政策制定过程的最终成果，也是政策执行的基础和依据。

强化政策方案审议者的性别平等意识。通过多渠道、多形式的宣传培训，推动政策方案审议者进一步树立性别平等理念，提高贯彻落实男女平等基本国策的积极性主动性和能动性。通过广泛协商沟通，在政策目标中体现性别平等理念，在政策方案中增强性别敏感，在决策审议中体现性别平等原则，推动政策审议中的社会性别主流化。政策方案审议中贯彻男女平等基本国策，应把握三个重点问题。

第一，警惕政策方案中存在着的隐性歧视。一些政策看似中立，但现实中由于男女两性发展程度存在差距，政策在未来的实施中有可能对男女两性产生不同影响，存在着潜在性别歧视倾向，造成对妇女合法权益的侵害。例如，某重点中学招生录取政策规定：同一性别录取人数不得超过 60%。这一政策表面看来对男女两性是平等的，但现实情况一般是女生成绩好于男生，这一规定实际上提高了女生录取的门槛。

第二，政策方案中要有促进性别平等的积极措施。比如，许多妇女创业缺少资金支持，而与男性相比，妇女用于贷款抵押担保的财产少，获得创业信贷支持的机会也少。为此，2009 年财政部、人力资源和社会保障部、中国人民银行和全国妇联共同下发《关于完善小额担保贷款财政贴息政策，推动妇女创业就业工作的通知》，规定城镇失业和就业困难妇女、农村妇女都可以向当地妇联组织或人力资源和社会保障部门申请小额担保贷款，由政府财政贴息。这项政策对推动男女平等创业就业提供了重要支持。

第三，重视制定满足妇女特殊需求的政策措施。2009 年，国家将农村孕产妇住院分娩补助政策作为重大公共卫生服务项目，列入深化医药卫生改革的重点任务，下发了《关于印发〈关于进一步加强农村孕产妇住院分娩工作的指导意见〉的通知》，要求"对农村孕产妇住院分娩所需费用予以财政补助，补助标准由各省（区、市）财政部门会同卫生部门制定。参加新型农村合作医疗的农村孕产妇在财政补助之外的住院分娩费用，可按当地新型农村合作医疗制度的规定给予补偿。对个人负担较重的贫困孕产妇，可由农村医疗救助制度按规定给予救助。鼓励有条件的地区探索将农村孕产妇住院分娩补助与新型农村合作医疗、农村医疗救助补助统筹管理使用"，使农村孕产妇能够平等享有安全、有效、规范、便捷的孕产期保健服务。

二、在政策执行中落实男女平等基本国策

政策规定落到实处，使人民真正受益，需要政策的有效执行。

在政策执行中落实男女平等基本国策，就是在政策执行的准备阶段做好社会性别意识的宣传培训工作，在具体实施阶段关注男女两性的平等参与，在督导检查中督察政策涉及男女两性平等发展规定的具体落实情况。

1. 政策执行的准备工作

政策执行的准备工作主要包括提高执行者的思想认识、进行政策宣传等环节。在政策执行的准备工作中要关注男女平等发展现状，正确理解政策内涵；在政策宣传中要面向不同群体，有的放矢，提高宣传引导的针对性和有效性。

提高政策执行者对男女平等政策内涵的理解和把握。政策执行者对政策内涵、价值目标、执行程序的全面了解和准确把握是政策有效落实的基础。2001年中组部《关于进一步做好培养选拔女干部、发展女党员工作的意见》提出："省、自治区、直辖市和市（地、州、盟）党委、人大、政府、政协领导班子要各配1名以上女干部。县（市、区、旗）党委、政府领导班子要各配1名以上女干部。"在具体执行中，一些地方全面准确理解政策内涵，积极配备女干部，目前江苏省省委常委中就有三位女性；而一些地方将"1名以上"片面理解为"1名"，配备1名女干部就认为完成了任务。

广泛开展宣传动员。政策宣传是政策执行的重要环节，更是确保政策目标实现的有效手段，通过宣传，可以提高政策执行者和政策目标群体对两性平等政策的认同感。要针对不同的受众群体开展不同内容和形式的宣传动员工作。面向领导干部的宣传，要强调政策方案中所包含的男女平等内容，提高领导干部在政策执行中贯彻男女平等基本国策的自觉性；面向妇女群众的宣传，要提高妇女对政策的知晓率，增强妇女参与政策执行的积极性；面向男性的宣传，要强调男性对贯彻男女平等基本国策的理解和认同，提升男性理解男女平等基本国策和支持妇女参与的主动性。例如，陕西省合阳县把当地妇女参与村民自治的真人真事编成地方戏，在全县乡村巡回演出，用通俗易懂的宣传方式，激发了妇女参与基层民主管理的积极性。

2. 政策的具体实施

在政策具体实施中贯彻男女平等基本国策，要把握三个重要环节。

一是经过试点调整完善政策。通过试点评估政策是否对男女两性产生的影响不同，是否满足了妇女的特殊需求，针对发现的问题，对政策进行适当的修改补充和调整。2009 年实施的小额担保贷款财政贴息政策是在 20 世纪 90 年代地方试点基础上实行的一项专门促进妇女就业创业的扶持政策，针对前期试点工作中发现的信贷资金不足、贷款额度小、时间短等造成妇女发展规模受限的问题，提高贷款额度，扩大贷款覆盖面，实施奖励补助，将妇联组织纳入小额担保贷款工作体系。

二是推广工作要坚持因地制宜。辽宁省鞍山市在落实省《推进城市保障性住房建设意见》关于"符合条件的单亲贫困母亲与劳模、英模可享受'优先轮候'"政策工作中，结合实际制定了《鞍山市城市单亲贫困母亲家庭廉租住房分配方案》，在全省率先启动"城市单亲贫困母亲廉租住房"工程，将单亲贫困母亲住房问题纳入全市廉租房范围并优先安排。

三是在检查督导中落实性别平等。关注男女两性在政策实施中是否获得平等参与的机会，是否能够同等受益。例如，某乡在执行省新农村建设相关政策中，为解决农民创业资金短缺困难，与农村信用合作社联合推出小额信贷项目，申贷条件规定要具有初中以上文化程度。这一规定表面看没有性别歧视，但由于农村妇女整体受教育程度低于男性，多数妇女都不符合这一条件，影响了她们申请小额信贷的资格，客观上造成了男女不能平等享有小额信贷的机会，致使妇女无法从政策中受益。

三、在政策评估中关注男女两性公平受益

在政策评估中贯彻男女平等基本国策，要求探索建立和不断完善性别平等的政策评估机制，将性别指标纳入政策评估指标体系，从政策源头促进男女平等发展，将男女平等受益作为评估内容。

1. 探索建立政策法规性别平等评估机制

探索建立政策法规性别平等评估机制是贯彻落实全面依法治国的创新实践，是推动社会性别主流化的制度创新，对于从政策法规源头上促进落实男女平等基本国策具有重要意义和作用。

政策法规性别平等评估是按照男女平等的价值观念和制定政策法规的技术标准，从性别平等视角对政策法规的制定、实施和效果进行评价和判断，关注政策法规对男女两性产生的不同影响，推动男女平等基本国策在政策法规制定和实施中的贯彻落实。

图 3-2　北京市举办政策法规性别平等评估专题培训

　　为实现《中国妇女发展纲要（2011—2020 年）》中提出的建立法规政策性别平等审查机制的目标，一些省（区、市）结合性别平等与妇女发展的现实需要，探索建立政策法规性别平等评估机制。截至 2016 年 8 月，我国已有江苏、浙江、北京、安徽、湖北、辽宁、四川、天津、山西、内蒙古、江西、广东、宁夏、山东、西藏等 24 个省（区、市）建立了政策法规性别平等评估机制，通过建立机构、明确职责、加强制度建设、主动有效参与等推动机制的积极运行，形成了政策法规制定中参与、政策法规实施中监督、政策法规效果评估和坚持传播性别平等理念为主要内容的工作模式。

　　政策法规性别评估一般采用价值分析和实证分析两种基本方法。价值分析是从马克思主义妇女观和中国特色社会主义妇女理论出发，对政策法律的指导思想、基本原则和主要内容进行分析和审评，评估是否遵循了男女平等原则，是否落实了男女平等基本国策要求。实证分析是针对某领域政策法律制定的现实需要，广泛收集相关信息资料，通过定量和定性分析获得目标群体现状和需求，评估政策法律制定是否满足目标群体需求，评估政策法律实施能否男女同等受益。实证分析要重视个案的分析，深入剖析典型案例，获得对政策法律制定、实施的深入了解。

评估程序分为确定项目和议题、进行审查与评估、提交报告与反馈。第一步是确定项目和议题，评估委员会根据政策法律制定安排确定议题；第二步是进行审查与评估，要求政策法律起草部门、实施部门及审核部门填写性别平等评估表，召开评估委员会会议，与起草部门和实施部门及审核部门协商沟通，依据评估标准进行审查评估；第三步是评估委员会将评估报告反馈给政策法律起草部门、实施部门和审核部门，随后各部门将采纳意见情况反馈给评估委员会。

实践事例

浙江省温州市政策法规性别平等评估委员会对《温州市城市公共厕所管理办法》实施评估，在深入调查全市公共厕所男女厕位使用情况后，就《温州市城市公共厕所管理办法（草案）》提出五点修改建议，其中"男蹲（坐、站）位与女蹲（坐）位的比例应达到1∶1.5"和"提倡有条件的公厕增设母婴室、老年人和残障人士辅助设施、卫生纸、卫生巾自动售货设备等便民设施"两条被采纳。

资料来源：节选自浙江省温州市妇联提供的案例。

2. 将性别指标纳入政策评估指标体系

将性别指标纳入政策评估指标体系，是贯彻男女平等基本国策的客观要求，是促进两性平等发展和妇女全面发展的现实需要，是实现男女平等和性别公正的有效手段。

在制定政策评估指标体系工作中，要科学选取和设计能够反映男女两性平等发展的定量和定性指标，根据指标体系框架分领域、分部门、分类别纳入其中。如，在就业政策的评估指标体系中，要纳入反映男女就业人数、就业比例和就业结构等指标；在教育领域要纳入男女平等接受义务教育、中等教育、高等教育和职业教育等指标。

在政策评估实施中要对性别平等指标进行专项评估，结合地方实际和部门工作，搜集分性别统计资料，有针对性地开展分析研究，全面了解掌握男女两性在政策实施中的受益情况，提出对策建议，适时调整相关政策，促进男女平等发展。

将男女平等发展指标的考核情况作为评估政策落实的依据。目前各地在推动中国妇女发展纲要和地方妇女发展规划实施工作中，都将涉及男女两性平等的性别指标落实情况作为政府工作和部门工作绩效考核的重要内容，并根据考评结果，采取适当奖惩措施。对于落实较好地区和部门给予鼓励和表彰；对于落实还有差距的地区和部门进行督促。

☆**相关案例**

案例 5　扶持女性科技人才成长政策

女性科技人才在我国科技人力资源中占有重要地位。受多种因素影响，我国男女科技人才成长和发展过程中，还存在参与机会、获得资源、能力和成果评价等方面的不平等现象。《2009 中国两院院士调查报告》显示，在我国 1995—2009 年当选的两院院士中，女院士仅占 5.06%，低于 1978 年的 6.2%。对我国"长江学者奖励计划"、中科院"百人计划"、"国家杰出青年科学基金"三个人才奖励计划的研究发现，1999—2008 年获得教育部"长江学者奖励计划"资助的女性仅占 5.1%；1994—2006 年入选中科院"百人计划"的女性科技工作者占入选总数的 7%；1994—2009 年获得自然科学基金委员会"国家杰出青年科学基金"的女性占 6%。此外，在国家"863"计划专家组中没有女性成员，"973"计划选聘首席科学家中女性仅占 4.6%。

为促进女科技人员成长，发挥其在科技创新和高新技术领域的重要作用，科技部、国家自然科学基金委员会、全国妇联和中国科协等部门制定了扶持女性科技人才成长政策，采取有力措施，切实加以落实。

一、多部门合作，调研女性科技人才成长问题
2009 年，全国妇联联合中组部、人力资源和社会保障部、科

技部、教育部、卫生部、国务院国有资产监督管理委员会、国家
自然科学基金委员会、中国科协、中国科学院、中国社会科学院
等 10 部门开展 "女性高层次人才成长状况研究与政策推动项目"，
以促进有关部门和社会各界对女性高层次人才成长问题的关注和
重视，有效解决女性高层次人才不足问题，创造有利于女性高层
次人才成长的政策环境。

　　国家自然科学基金委在全面深入了解国外相关科学基金组织
针对女性科研人员资助政策及经验的基础上，系统调研了国内女
性科研人员成长发展对科学基金的政策需求。中国科协组织开展
了 "女科技工作者在中国科协所属学会任理事以上职务情况" 的
专题调研。全国妇联在第三期中国妇女社会地位调查中将女性高
层次人才作为重点人群进行专项调查。项目组于 2009 年对北京市、
吉林省、河南省、陕西省及安徽省五个省市科技领域女性人才进
行了专题调研。调研主要围绕科技领域女性人才的成长状况、发
展规律、主要困难与障碍、政策需求与建议等内容进行，来自中
科院、清华大学等单位的科技领域女性中高层人才、科研管理者、
部分省政府和有关部门领导、专家学者 200 多人参加了座谈会。

　　二、提出促进女性科技人才成长的政策建议
　　项目组在充分调研和比较研究国内外政策的基础上，针对女
性科技人才成长提出以下政策建议。
　　建议国家自然科学基金委设立专门面向生育后女性的职业发
展基金并将青年基金女性申请者年龄放宽到 40 岁；采取积极措施，
确保并逐步提高国家自然科学基金项目获得者的女性比例；确保并
逐步提高国家自然科学基金评委中的女性比例；推动性别平等意识

纳入国家自然科学基金工作主流。

建议教育部梳理及评估现有的人才成长支持、促进及激励政策，在现有政策体系框架下，增加鼓励女性科技后备人才成长的内容；设立"鼓励科技女性后备人才的专项成才计划"；鼓励地方高校和社会组织设立女性科技后备人才成长计划和奖励项目；每年评选10名杰出科技女性后备人才进行表彰和宣传。

三、出台扶持女性科技人才成长政策

为增加女性获取科研资源的机会，激励科技领域女性更好发展，科技部、国家自然科学基金委和中国科协都出台了有利于女性科技人才成长的支持性政策。科技部和全国妇联共同制定了《关于加强女性科技人才队伍建设的意见》，对科研院所、高等院校女性科技人才比例的增长、女性生育后回归科研项目等作出明确规定。

国家自然科学基金委出台了同等条件下"女士优先"和逐步增加学科评审中的女性比例的政策。如，在2010年的评审工作意见中明确提出，"在各类项目评审中，注意把握在同等条件下女性科研人员优先的资助政策"；完善相关政策措施，放宽女性申请青年科学基金年龄到40岁，进一步明确女性可以因生育而延长在研项目结题时间，逐步增加专家评审组中的女性比例。

中国科协在《中国科协全国学会组织通则》"理事会及常务理事会组成原则"中，增加"女性比例适当提高"的内容；有条件的学会在提出的正副理事长、秘书长等学会负责人人选中至少有一名女性；倡导在学会中设立女科技工作者工作委员会，学会年会期间开辟女性论坛。还出台了在科技奖项评选中放宽对女性科技工

作者年龄限制的相关规定，将中国青年女科学家奖的候选人年龄从 40 周岁放宽至 45 周岁；将中国青年科技奖的女性候选人年龄也相应地从 40 周岁放宽至 45 周岁。

项目的实施取得可喜效果。在自然科学基金委等单位一系列政策的促进下，2010 年至 2012 年批准的各类项目中女性科研人员受资助项目数以及资助率均得到增长。与实施此项政策之前的 2010 年相比，2011 年青年科学基金项目的女性申请人数增长了近一倍，获资助者人数增长超过了一倍，获资助者总人数中女性的比例大幅提高，从 2010 年的 32.7% 提高到 2012 年的 41.3%，增加了近十个百分点。截至 2015 年 3 月，两院女院士占院士总数的 6%，比 2013 年的比例有所提高。

2010 年，参与科学基金项目通讯评议的女科学家已超过 5800 人，占评议专家总数约 17%，而 1986 年参与科学基金项目通讯评议的女性科研人员不足千人；在 2010 年组建的第十三届学科评审组中，女科学家为 141 人，所占比例创历史新高，达 9.2%，而 1986 年学科评审组中女性科研人员只有 23 人，所占比例仅为 4.7%。女性科技人员年龄放宽后，中国青年科技奖获奖者中的女性比例从不足 10% 提高至 28% 左右。

图 3-3　我国女科学家屠呦呦获得诺贝尔生理学或医学奖

案例6 开展"两癌"检查，关注妇女健康
——实施农村妇女"两癌"检查项目

近年来，宫颈癌和乳腺癌（以下简称"两癌"）发病率呈上升趋势。2013 年全国肿瘤登记中心数据显示，我国每年宫颈癌新发病例为 7.69 万，约有 3 万妇女死于宫颈癌，且患者呈年轻化趋势；每年乳腺癌新发病例约为 20.8 万例，约 5.5 万妇女死于乳腺癌，死亡率排在女性癌症死亡率之首，且发病率在以每年 3%—4% 的速度递增。为适龄女性定期进行"两癌"检查是全球公认的降低女性"两癌"死亡率的有效措施。2009 年，卫生部、财政部和全国妇联共同实施农村妇女"两癌"免费检查重大公共卫生服务项目，采取有力措施降低"两癌"死亡率，提高农村妇女健康水平。

一、深入了解妇女需求

为提高农村妇女"两癌"的早诊早治率，降低死亡率，改善广大农村妇女健康状况，卫生部和全国妇联围绕农村妇女妇科疾病及"两癌"检查的必要性、可行性赴八省市开展专题调研，并向政府呈报了《关于在农村妇女中开展"两癌"检查工作调研报告及有关建议》。

二、积极推动政策出台

在党中央和国务院的高度重视下，在卫生部和全国妇联的共

同推动下，"在农村妇女中开展妇科疾病定期检查"首次写入2009年的《政府工作报告》。随后，农村妇女"两癌"检查项目分别纳入了国民经济和社会发展年度计划、国家新医改方案和国家重大公共卫生服务项目。

2009年，卫生部和全国妇联下发《农村妇女"两癌"检查项目管理方案》，规定农村妇女"两癌"检查项目周期为2009—2011年；目标是对31个省（区、市）的221个县（市、区、旗）1000万名农村妇女进行免费宫颈癌检查，对200个县（市、区、旗）120万名农村妇女进行免费乳腺癌检查；项目对象为35—59岁的农村妇女。

首轮农村妇女"两癌"免费检查项目取得了积极成效，积累了丰富经验，深受妇女群众拥护，但远不能满足近2亿农村适龄妇女的需求。全国妇联起草了《关于农村妇女"两癌"免费检查项目执行情况的汇报及建议》并上报国务院，建议得到了国务院有关领导的充分肯定，指示逐步扩大覆盖面。

2012年新一轮"两癌"检查方案出台，项目实施周期为2012—2015年，项目县扩展至1140个县（市、区、旗），目标人群年龄范围扩大至35—64岁，计划为5000万名和600万名农村妇女提供免费"两癌"检查。

三、跨部门合作实施项目

项目实施中，多部门合作积极为农村妇女提供免费"两癌"检查。

一是宣传动员，促进政策有效实施。各地卫生计生部门和妇联组织积极开展"关爱女性、关注健康，远离宫颈癌、乳腺癌"主题宣教活动，制作群众喜闻乐见的宣传材料，包括挂历、宣传手册，开辟卫生专栏、电子屏等；利用卫生宣传日、宣传周等，开展卫生计生"三下乡"、义诊咨询、健康知识讲座等，有效促进了农村妇女对"两癌"检查项目的知情了解。

二是加强组织领导。卫生部和全国妇联共同成立了农村妇女"两癌"检查工作领导小组，分管副部长、副主席任组长、副组长，成员包括卫生部妇社司等七个司及全国妇联妇女发展部等，负责全国农村妇女"两癌"检查工作的组织、协调、监督和管理，组织制定妇女"两癌"检查工作方案，成立专家技术指导组，指导项目工作，自上而下地建立了以政府为主导、多部门协作、全社会参与的"两癌"防治模式和协作机制。

三是提供经费保障。农村妇女"两癌"检查项目有专项补助资金。承担农村妇女"两癌"检查任务的医疗卫生机构定期向县级卫生部门报送检查人数和检测项目等情况，经县级卫生、财政部门审核批准后，由财政部门将专项补助资金通过国库集中支付方式按工作量直接拨付给相应医疗卫生机构。也可委托中介机构进行审核，经卫生、财政部门核准后拨付。北京、上海、重庆在中央财政项目的基础上，由当地政府出资，实现了"两癌"免费检查全覆盖。

四是试点和逐步推广。项目点由省级卫生行政部门结合当地实际情况确定。项目按照政府重视，部门间有良好的合作与配合，面向"两癌"高发、人群依从性较好、贫困地区优先，有工作基础等原则进行选点。在第一周期的农村妇女"两癌"免费检查项目中，选定了北京、天津、内蒙古等 8 个省（区、市）的 100 个县为项目试点，逐步推向 31 个省（区、市）。

五是重视项目监督和评估。制订督导评估方案，定期组织检查，对项目管理、资金运转、实施情况、质量控制及效果进行督导和评估。省级、市（地）级、县（区）级项目领导小组定期组织检查，对项目实施情况进行督导和评估，建立例会制度，发现问题及时协调解决，推动项目顺利开展。

四、对"两癌"患者实施救助

除了免费检查之外，为了使检查出的"两癌"患者得到及时治疗，卫生部、民政部、全国妇联等积极推动在医疗保障体系中为"两癌"患者提供救助。

一是稳步推进新农合重大疾病保障试点工作。2011 年，新农合将农村妇女"两癌"纳入了重大疾病医疗保障范围。截至 2013 年年底，共有 242345 名乳腺癌和 88761 名宫颈癌患者受益，实际补偿比例均达到本省（区、市）限定费用的 70% 左右。

二是积极开展城乡居民大病保险试点工作。2012 年，卫生部推行了新农合基金购买大病保险工作，"两癌"患者在基本医保报销后，自付费用超过一定标准的，由新农合大病保险给予不低于 50% 的报销。

三是将"两癌"纳入医疗救助范围。2012 年，民政部开展特重大疾病医疗救助试点工作，帮助解决符合条件的贫困"两癌"患者经基本医疗保险和大病医疗保险补偿后仍然难以负担的住院费用，要求实际补偿比例达到 20%。

四是全国妇联在财政部支持下，用中央彩票公益金设立了贫

困母亲"两癌"救助基金，给予农村贫困患病妇女每人 1 万元的
救助。

图 3-4　青海省妇联组织为农村贫困患病妇女发放"贫困母亲两癌救助"金

农村妇女"两癌"免费检查项目作为中国六大重点公共卫生
服务项目之一，取得了积极成效。2009 年项目实施以来，累计为
4287 万和 613 万农村妇女分别进行了宫颈癌、乳腺癌免费检查，
救助贫困患病妇女 31077 人。

随着项目的深入开展，农村妇女对"两癌"检查重要性的认
识逐步提高，2013 年，全国农村妇女"两癌"防治知识知晓率为
80.5%，比 2009 年提高了 49.7%。评估显示，有 87.9% 的妇女知晓
了宫颈癌筛查相关知识，有 99.4% 和 98.1% 的妇女表示宫颈癌和
乳腺癌检查很有必要，98.5% 的妇女对乳腺癌检查项目实施效果表
示满意。

在项目的辐射带动下，部分非项目地区也纷纷开展"两癌"

免费检查。广州市自 2009 年开展农村妇女"两癌"检查项目以来，每年市、区两级财政投入 4000 多万元，推进项目全面覆盖城乡适龄妇女。调查显示，全国所有县（市、区、旗）中，未开展任何"两癌"检查的县所占比例，由 2012 年的 31.62%，下降到 2013 年的 25.25%，省级或地市级财政支持开展妇女"两癌"筛查的县市比例逐年升高。

案例 7　小额担保贷款财政贴息政策

为解决不同妇女群体在创业就业中遇到的资金不足问题，2009 年，财政部、人力资源和社会保障部、中国人民银行和全国妇联联合下发了《关于完善小额担保贷款财政贴息政策推动妇女创业就业工作的通知》。这是我国实施妇女小额信贷以来，相关部门与妇联组织协作推动国家政策层面首次明确将妇女作为政策受益主体、财政部门给予全额贴息支持的一次重大政策突破。

一、出台政策

小额信贷于 20 世纪 80 年代末开始在我国农村进行试点。1989 年，山西省吕梁地区妇联在当地扶贫办、农业银行等部门支持下，开始在吕梁地区进行农村妇女小额贷款扶贫试点工作。20 世纪 90 年代中期，国务院扶贫办、全国妇联共同召开会议，向全国推广山西借助小额贷款助推妇女扶贫的成功经验。同时，将农村妇女小额信贷扶贫经验引入帮助城市下岗失业妇女创业就业工作中，成为带动妇女参与经济发展的一个有效扶助政策。

前期小额信贷工作虽然取得一定成效，但也存在一些不足，主要表现在信贷资金不足，不能满足农村妇女特别是贫困妇女的需求；贷款额度小，时间短，致使农村妇女发展生产规模受限。小额贷款额度一般在 2000 至 5000 元，只适合小规模生产，不能满足生产成本高、规模大的发展项目；贷款手续十分烦琐，限制了农村妇女贷款的积极性；妇联缺少必要的工作经费，开展小额信贷工作难度较大。

在认真开展调查研究的基础上，为解决以前小额信贷工作中存在的问题，满足妇女贷款需求，财政部、人力资源和社会保障部、中国人民银行和全国妇联四部门多次研究论证，下发了《关于完善小额担保贷款财政贴息政策推动妇女创业就业工作的通知》，在贷款额度、贷款覆盖、贷款组织及奖补经费等方面实现新突破，给予妇女特殊的政策优惠支持。

一是提高妇女小额担保贷款额度。经办金融机构对妇女个人新发放的小额担保贷款最高额度由 5 万元提高至 8 万元。对符合条件的妇女合伙经营和组织起来就业的，明确经办金融机构可将人均最高贷款额度提高至 10 万元。

二是将小额担保贷款政策覆盖面由城镇失业人员和就业困难人员拓展至农村妇女。符合规定条件的农村妇女均可在自愿基础上，按规定程序向当地妇联组织或人力资源和社会保障部门申请小额担保贷款。

三是将妇联组织纳入小额担保贷款工作体系。妇联组织负责做好农村妇女申请小额担保贷款登记服务工作，对借款人申请进行调查，按照审慎原则出具贷款推荐意见，经人力资源和社会保障部门审核后，提交经办担保机构和金融机构审核。

四是财政部门为妇联提供工作经费和奖补资金。各级财政部门对当地妇联组织开展小额担保贷款工作给予经费保障，对基础管理工作扎实、贷款管理工作尽职、小额担保推荐贷款回收率高的妇联组织纳入现行奖励机制。奖励资金用于地方各级妇联组织的工作经费补助。

二、大力实施

在小额担保贷款财政贴息政策实施的各个环节，相关部门都采取有效措施确保政策的实施效果。

1. 政策执行的准备阶段

一是加强政策执行人员的培训和能力建设。邀请有关部门领导及业务专家对项目执行人员进行政策、业务培训。通常采取召开妇女小额担保贷款项目工程实施会议、项目研讨培训班等以会代训、会训结合的方式，层层召开会议，统一思想认识，明确措施要求，指导各地开展工作，促进项目执行能力提高。通过培训，各级政策执行人员熟知了优惠政策、信贷流程，自觉成为宣传员、组织员、协调员。

二是提高妇女对政策的知晓率。相关部门编印了200多万份宣传手册，在妇女中广泛发放；制作妇女小额贷款公益广告，在中央电视台连续播放；在《人民日报》《中国妇女报》等报纸上刊发专版，在新华社、《经济日报》、《农民日报》等主流媒体上刊登专题文章。为确保小额担保贷款实现放得出、收得回、见效益的良性循环，各地针对实际操作中的具体问题，把握重点环节，采取多项措施，加强对创业妇女的政策宣传和用贷指导，努力为创业妇女使用贷款创造便利条件。

三是建立多部门合作的政策执行机制，细化实施方案。各地的四部门都联合成立了小额贷款财政贴息项目工作领导小组；确定经办金融机构，协调落实工作经费。各地制定适合本地实际的实施意见、实施方案，并尽量细化，使之具有可操作性，如明确工作流程、审批程序，出台妇女小额担保贷款项目实施细则，设计工作流程图和审批表等。

2.政策的具体实施阶段

一是先期试点，逐步推进。四部门在统筹考虑东、中、西部地区经济发展不平衡以及对妇女小额贷款需求不同等诸多因素后，确定先期在北京、内蒙古、江西、云南、甘肃等8个省（区、市）试点，通过典型引路，逐步在全国推广。2011年5月，全国妇联在甘肃召开了全国妇女小额担保贷款工作现场推进会。会后，各地抓住机遇，积极行动，目前项目已覆盖到全国2400多个县（市、区、旗）。2012年贷款总量大幅度增长，当年新发放贷款额超过了前三年累计贷款的总和。

图3-5　甘肃省卓尼县妇女小额担保贷款发放仪式现场

二是制定相关配套措施。2013年9月，财政部、人力资源和社会保障部、中国人民银行联合下发《关于加强小额担保贷款财政贴息资金管理的通知》，进一步明确了贷款对象范围和担保基金管理等工作内容，规定除东部 9 省市外，贴息资金由中央财政负担 75% 和地方财政分担 25%。全国妇联及时转发文件，要求各地结合实际落实文件精神，做好政策衔接。有关领导同志带队深入甘肃、云南、贵州、安徽等地调研，全面了解各地在新政策出台后的工作进展情况，提出各地小额担保贷款工作要稳定规模、稳步推进。目前，享受中央财政贴息的 26 个省（区、市）有 23 个省（区、市）转发了文件或出台了本地实施细则。

三是加强检查督导。为及时掌握基层小额担保贷款工作运行状况，增强工作的针对性、有效性，2011 年，全国妇联开发了全国妇女小额担保贷款数据统计系统，创建信息采集平台，对各地每季度统计数据进行汇总和分析，对项目工作中发现的问题及时指导。目前，全国妇女小额担保贷款回收率达 98% 以上，高于全国农村金融机构贷款回收率。

三、成效显著

小额担保贷款财政贴息政策实施 5 年来，产生了良好的社会效果，在促进妇女就业、提高社会地位、转变农业发展方式、维护社会和谐稳定等方面发挥了积极作用。2009 年以来向妇女发放小额担保贷款 2220.6 亿元，扶持和带动了千万妇女创业就业。

习近平总书记在与新一届全国妇联领导班子集体谈话时，充分肯定了妇女小额担保贷款工作取得的成效，认为政策的实施起到了"四两拨千斤"的作用。国务院领导对全国妇联积极参与扶贫开发工作给予充分肯定，认为"妇女小额担保贷款既发挥了妇联的作用，符合当前农村，尤其是贫困地区妇女是劳动主体的实际，也是扶贫工作全社会参与机制的表现。同时，这也使'金融行动计划'落到了实处"。地方党政干部认为这项政策的实施，使基层组织建设有了最有力的抓手，使农村信用体系建设更加完善，使妇女的家庭和社会地位得到提高。

案例 8　《城市公共厕所设计标准》修编工作体现性别平等

　　城市公厕体现着城市建设管理和城市的文明水平。目前公厕建设管理水平与城市化发展质量和群众需求存在着差距，特别是男女厕位比例与实际需求不相适应，女厕所排队现象比较普遍。对此，住房和城乡建设部（下称住建部）多次组织专家深入调研，2005 年制定出台《城市公共厕所设计标准》，对公共厕所男女厕位的比例提出明确要求。目前住建部正在进一步对城市公厕标准进行修改完善，推动男女公平享有城镇公共厕所资源。

　　在标准的制定修订工作中，住建部认真贯彻落实男女平等基本国策，充分考虑男女两性使用公共厕所的现实差异和妇女的特殊需求，将男女厕位比例和数量作为编修工作重点，合理规划男女厕位比例。

一、深入调查了解现状

　　2014 年以来，住建部组织科研单位对北京、上海、济南、西安、牡丹江、太原、广州等城市公共厕所进行问卷调查和实地考察，详细了解男女厕位比例、洗手池数量、第三卫生间及如厕排队等情况。在对北方城市 234 座厕所进行调查后发现，只有三座公厕符合女男厕位比例不小于 3∶2 的要求，其他公厕男女厕位比例严重失调（按所调查城市平均计算，女厕位比男厕位少 35%—79%），问题最突出的公厕女厕位与男厕位的比例仅有 1∶4.2，女厕位比男厕位少 76.19%。广州市公共厕所的女厕位与男厕位的比约为 1∶1.97，女厕位比男厕位少 97%。

根据对北京天安门"五一"黄金周如厕时间的调查，受生理和行为模式影响，男女如厕时间存在明显差别，女性平均如厕时间为 249 秒，男性平均如厕时间为 170 秒，男女如厕时间比例约为 1∶1.5。女性平均如厕时间明显长于男性。

二、对现有厕位标准进行评估

2005 年《城市公共厕所设计标准》实施后，住建部进行了评估，发现男女厕位比例失调，女厕位少于男厕位。多数公厕建于 2005 年之前，男女厕所虽然面积相当，表面看似"男女平等"，实质上不"平等"，男厕所除蹲位外还有小便池，相同面积男厕所厕位多于女厕所厕位。《城市公共厕所设计标准》对独立式、附属式和活动式三种城市公厕的设置、男女厕位比例等作出具体规定，提出应根据所在地区和客流量建设不同类别和规模的公厕，应适当增加女厕建筑面积和厕位数量，厕所男蹲（坐、站）与女蹲（坐）位的比例宜为 1∶1—2∶3。但从调查情况看，规定没有得到很好落实，很多地区将标准中规定的男女厕位比例要求理解为男女蹲位比例要求，未将男性小便池（槽）数量计算在内，造成男厕所厕位数量明显多于女厕所厕位，没有达到"应适当增加女厕所的建筑面积和厕位数量"的要求。

三、在标准修订草案中合理规定男女厕位比例

针对女性社会活动逐渐增多和在公共场所如厕排队的普遍现象，在修订工作中，根据如厕时间统计结果，结合厕位调查情况，提出当男女如厕人数相当时，公共厕所女厕位与男厕位的比例不

小于 3：2 的规定，有助于改变男女厕位比例不当情况，减少女厕普遍排队现象的发生。标准还进一步规定在商场、火车站等人流密集场所的公厕，女厕位与男厕位比例可达到 2：1。

按服务人数设置公共场所男女厕位比例，见下表。

表 3-1　公共场所公厕厕位服务人数

公共场所	服务人数（人 / 每个厕位·天）	
	男	女
广场、街道	1000	700
车站、码头	300	200
公园	400	300
体育场外	300	200
海滨活动场所	60	40

按购物面积设置商场、超市和商业街公厕厕位数量。500m² 以下男厕位 1 个、女厕位 2 个；500m²—1000m² 以下男厕位 2 个、女厕位 4 个；1000m²—2000m² 以下男厕位 3 个、女厕位 6 个；2000m²—4000m² 以下男厕位 5 个、女厕位 10 个；4000m² 以上每增加 2000m² 男厕位增加 2 个、女厕位增加 4 个。

按座位数设置饭馆、咖啡店、小吃店、快餐店等公厕厕位数量。50 座位以下至少设男厕位 1 个、女厕位 2 个；100 座位以下设男厕位 2 个、女厕位 3 个；超过 100 座位每增加 100 座位增设男厕位 1 个，每增加 65 座位增设女厕位 1 个。

按座位数设置体育场馆、展览馆、影剧院、音乐厅等公共文体活动场所公厕厕位数量。一是蹲、坐位数。男厕 250 座以下设 1 个，每增加 1—500 座增设 1 个；女厕不超过 40 座的设 1 个；41—

70座设3个;71—100座设4个;每增1—40座增设1个。二是站位。男厕100座以下设2个,每增加1—80座增设1个。

按每小时服务人数设置机场、火车站、公共汽(电)车和长途汽车始末站、地下铁道的车站、城市轻轨车站、交通枢纽站、高速路休息区、综合性服务楼和服务性单位公厕厕位数量。每小时100名男士以下设2个,每增加60人增设1个;每小时100名女士以下设4个,每增加30人增设1个。

公厕作为城市中不可缺少的环卫设施,体现一个城市的文明程度,男女厕位的合理设置是贯彻男女平等基本国策的具体要求。住建部合理规划公厕男女厕位比例,满足女性合理需求。该标准修订完成后,将加强对标准的宣传贯彻和具体指导,更好地促进标准规范的落实。

案例 9　政策法规性别平等咨询评估机制的建立与运行
——江苏省的做法

推动社会性别平等主流化是立法机关、行政机关以及妇联组织的重要职责。随着全面依法治国步伐的加快，地方立法权限不断扩大，地方政策法规数量日益增加，男女平等的宪法原则和男女平等基本国策没有在地方政策和法规中得到很好落实。为从源头上促进男女平等，2011 年 12 月，江苏省妇联联合省政府法制办成立了江苏省政策法规性别平等咨询评估委员会，并逐步推动各地市建立政策法规性别平等咨询评估机构，在全国率先建立了地方政策法规性别平等咨询评估制度，明确工作职责，制定评估方法和程序，对政策法规进行性别评估，确保性别平等理念在政策法规中得到体现。

江苏省政策法规性别平等咨询评估机制的建立与运行，主要从建立机构、明确要求、加强制度建设和开展性别平等咨询评估工作等方面着手，逐步建立并完善了以"立法中参与、立法后评估、性别理念传播"为主要内涵的工作机制。

一、建立健全机构，提供组织保障

江苏省政策法规性别平等咨询评估委员会由相关部门、研究机构中从事实务工作的领导、专家学者组成，分别担任指导委员、专业委员和特邀委员。指导委员主要由省级各有关部门领导担任，带领本部门、本系统开展政策法规性别平等咨询评估工作，并将性别平等意识纳入其中；专业委员主要由立法、执法、司法及妇女研究领域的部门负责人及专家担任，对政策法规制定和执行进行调研、论证和评估，提出建议和意见；特邀委员由国内法学和妇女研究领域的领导和专家担任，对咨询评估工作给予理论指导和工作支持。截至 2013 年年底，江苏省 13 个市均建立了政策法规性别平等咨询评估机构。

二、明确流程要求，提高机制运行能力

2012 年 3 月，江苏省妇联、省政府法制办联合制定了《关于建立江苏省地方政策法规性别平等咨询评估机制的指导意见》《江苏省政策法规性别平等咨询评估委员会工作规程》，对咨询评估范围、程序、方法、目标等作出明确规定。一是明确评估范围。凡是涉及妇女权益的地方性立法和规范性文件制定计划，都纳入性别平等咨询评估范畴。二是明确评估程序。按照"接受委托—收集研判信息—论证评估—提出建议意见—给予反馈答复"的流程，妇联每年初向法制办了解当年政策法规制定（修订）计划，商定咨询评估项目，成立咨询评估组，从性别平等视角进行研判，形成建议报告。法制办将相关建议通报制定和实施单位，要求及时答复。三是明确机构职责。咨询评估委员会主要工作职责是：参与涉及妇女儿童权益政策法规的调研、论证、起草等工作；参与相关政策法规执行情况的监测评估；参与性别平等主流化的宣传、培训、研讨和交流活动。

为进一步推进全省科学民主立法和性别平等主流化进程，2015年 8 月，省人大法制委正式成为评估委员会主要牵头单位。省人大法制委、省政府法制办、省妇联联合制定了《江苏省政策法规

性别平等咨询评估工作指导意见（试行）》，对性别平等咨询评估工作的概念、工作原则、咨询评估主体、咨询评估机构、咨询评估范围、咨询评估程序、咨询评估方法、咨询评估指标体系以及咨询评估回复反馈等作出具体规定，进一步提升了全省性别平等咨询评估工作的规范化水平。为进一步完善政策法规中的性别歧视纠错机制，江苏省政策法规性别平等咨询委员会制定了《江苏省政策法规性别平等观察员制度实施方案》，发动社会各领域的专业人才参与性别平等咨询评估工作，在全国率先推出政策法规性别平等观察员制度。

图 3-6　2014 年江苏省政策法规性别平等咨询评估委员会全体会议

三、突出过程管理，确保工作实效

一是突出重点环节。立项环节，对是否涉及性别平等问题进行咨询论证，并报政府法制机构；起草环节，委派人员参与起草，直接从性别平等视角提出建议报送起草部门；审核环节，抓住提交政府常务会议审议前的三次协调会，针对不同重点，组成专门咨询评估小组进行论证，形成报告送政府法制机构；后评估环节，定期组成省市联合咨询评估组调研并公开征求意见，形成专题报告向法规政策制定部门提出建议。二是突出重点内容。在制定职工生育保险规定时，送审稿第十七条第二款规定"生育医疗费用包括生育的医疗费用、计划生育的医疗费用以及法律、法规规定的其他项目费用"。为防止女职工在报销生育医疗费用时因概念界定不清，导致合法权益无法得到有效保障，性别平等专家审查送审稿后，建议对生育的医疗费用、计划生育的医疗费用进行明确界定，将第十七条第二款修改为"生育医疗费用包括生育的医疗费用、计划生育的医疗费用以及法律、法规规定的其他项目费用。其中，生育的医疗费用是指生育女职工的检查费、接生费、手术费、住院费、药费等；计划生育的医疗费用是指职工因实行计划生育需要，实施放置（取出）宫内节育器、流产术、引产术、绝育及复通术所发生的费用"。

四、加强制度建设，推动工作持续开展

一是建立联席会议制度。政策法规性别平等咨询评估工作机构每年召开一次全体成员会议，部署工作、总结经验、研判问题，提高工作的规范化程度。二是建立规范性文件备案制度。各级政府法制机构认真做好涉及妇女权益保障的规章和规范性文件的登记备案工作。政府各有关部门自觉把性别平等理念纳入相关政策文件的制定和实施中。咨询评估机构将每次调研成果、论证结果、评估报告等资料报送同级人大法制委、政府法制机构和妇联。三是建立业务学习培训制度。各级政府法制机构和妇联组织根据实际情况定期开展对政府有关部门特别是政策法规制定者、执行者的培训，提高他们自觉贯彻落实男女平等基本国策的意识和能力。四是建立督查与表彰激励制度。定期或不定期组织相关部门领导、专家对政策法规性别平等咨询评估工作及评估结果进行反馈，对涉及妇女权益的政策法规在全省的执行情况进行专题督促检查，并通过交流会、推进会、表彰会等，对表现突出的地区、部门和个人给予表彰奖励。

江苏省性别平等咨询评估机制建立以来，在法规政策的制定和实施中全面贯彻男女平等基本国策，推动社会性别主流化取得了显著成效。

一是决策者的性别平等理念逐步增强。咨询评估机制通过多种方法和途径对重点部门、重点领域的领导和决策者开展培训，邀请有关专家从性别平等视角对相关政策法规制定和实施进行咨询评估，提高了省市机关各部门领导的性别平等意识。

二是性别平等理念在政策法规中得到贯彻落实。截至 2015 年 8 月，江苏省性别平等咨询评估委员会共参与法规政策制定咨询评估 60 次，组织专家参与咨询评估工作 154 人次，参与制定《江苏省职工生育保险规定》《江苏省统计条例》《江苏省劳动合同条例》《江苏省社区矫正工作条例》等法规政策 30 部，提出咨询建议 238 条，其中"社区服刑人员为女性的，矫正小组应当有女性成员""地方统计调查项目应当合理设置分性别统计指标"等 44 条建议意见被采纳，写进政策法规；市县两级咨询评估机构也积极开展工作，参与了 160 多部政策法规的制定，提出咨询建议 340 多条，基本涵盖了涉及妇女权益保障的重点领域，极大地推动了性别平等理念在各市县政策法规中的贯彻落实。

　　三是社会各界给予了广泛关注和充分肯定。政策法规性别平等咨询评估机制是坚持依法治国方略的创新之举，是落实男女平等宪法原则的有效形式，是法治江苏建设的有益尝试。机制自创立之初受到各级党委政府和社会各界广泛关注。《中国妇女报》、《现代快报》、新华网、人民网等多家主流媒体进行了宣传报道。

3

第四章

规划纲要与男女平等

规划纲要是指国家和县以上地方政府及部门，针对一定时期经济社会总体发展、各领域事业发展、促进人的发展的全局性和基本性问题，制定的中长期战略目标和行动计划。新中国成立以来，我国连续制定实施了十三个国民经济和社会发展五年规划（计划）纲要。改革开放以来，党和国家还制定实施了中长期教育改革发展规划纲要、人才发展规划纲要、现代农业发展规划等专门性事业发展规划，制定实施了三个周期的国家人权行动计划。规划纲要贯彻落实男女平等基本国策，就是要在规划纲要的编制、实施和评估中，从性别平等视角出发，正视男女两性的现实差距和妇女的特殊利益，采取积极措施，解决性别平等和妇女发展最关心最直接最现实的利益问题，促进两性平等发展和妇女全面发展。

为全面贯彻落实男女平等基本国策，遵照男女平等的宪法原则和妇女权益保障法的相关规定，自1995年起国务院制定实施了三个周期的中国妇女发展纲要。全国县级以上地方政府相应制定实施了地方经济社会发展总体规划、部门规划和妇女发展规划，为促进两性平等发展和妇女全面发展提供了行动纲领和有力保障。

在全面建成小康社会的历史进程中，党的十八届五中全会通过的《中共中央关于制定国民经济和社会发展第十三个五年规划的建议》，强调要坚持男女平等基本国策，保障妇女权益。

一、在规划纲要编制中贯彻男女平等基本国策

在规划纲要的前期准备、草案形成、征求意见各环节，树立性别平等观念，创新思路和方法，将促进性别平等和妇女发展纳入国民经济和社会发展总体规划，纳入各项事业发展规划，纳入促进人的全面发展等规划纲要之中。

1. 规划纲要编制的前期准备

吸收性别平等专家和妇联组织参与规划纲要编制的领导机构和工作机构，以保证在规划纲要编制中体现性别平等视角，保障妇女权益。

要研究规划纲要涉及性别平等的重点难点问题。重视收集分性别数据和信息资料，通过分析研究，确定需要在规划纲要中予以解决的事关性别平等和妇女发展问题。如，制定国民经济和社会发展总体规划，需要针对收入差距不断扩大问题进行专题研究。有调查显示，2010年城乡就业女性劳动收入仅占同类男性的67.3%和55.8%，收入性别差距分别比十年前扩大了1.8和3.8个百分点。《中国妇女发展纲要（2011—2020年）》针对男女收入差距问题提出了"男女收入差距缩小"的目标，并明确相应策略措施"全面落实男女同工同酬，建立健全科学合理的工资收入分配制度，对

从事相同工作、付出等量劳动、取得相同劳绩的劳动者，用人单位要支付同等劳动报酬"。

图 4-1　浙江省杭州市召开"十二五"妇女儿童发展规划前期调研座谈会

在明确规划纲要编制的思路和框架时，聚焦调研中梳理出的与性别平等和妇女发展相关的重点难点问题，确定目标任务，明确策略措施，解决妇女发展的明显短板，回应妇女群众的诉求和期盼。

2. 规划纲要草案的形成

在规划纲要草案形成过程中，要认真落实习近平总书记关于发展离不开妇女、发展要惠及包括妇女在内的全体人民的重要指示精神，彰显以人为本，促进妇女与经济社会同步发展。

体现男女平等原则。《中共中央关于制定国民经济和社会发展第十三个五年规划的建议》提出要坚持男女平等基本国策。这就表明占人口一半的妇女的发展关系国家和民族的发展，在编制关乎国计民生的规划纲要时，要把男女平等原则充分体现在草案形成的过程之中。

根据 2011—2020 年中国妇女发展纲要确定的目标任务，国务院妇儿工委在认真开展调查研究的基础上，提出在国家编制"十三五"规制纲要中进一步促进性别平等与妇女发展的目标任务的落实。如建议将扩大农村妇女"两癌"检查覆盖面、实施城镇低收入家庭妇女"两癌"检查项目体现在"十三五"规划纲要中，同时提出将妇女发展纲要中确定的目标任务纳入部门规划。

实践事例

2015 年是全面完成"十二五"规划的收官之年，也是筹划布局"十三五"规划的关键一年。国务院妇儿工委办公室抓住这个契机，认真学习贯彻习近平总书记在党的十八届五中全会上的重要讲话和《中共中央关于制定国民经济和社会发展第十三个五年规划的建议》精神，研究梳理推动性别平等与妇女儿童发展亟待解决的突出问题，积极协调，推动政府相关部门将 2011—2020 年中国妇女、儿童发展纲要提出的重点难点目标任务纳入"十三五"专项规划，确保性别平等与妇女发展在经济社会发展各领域得到有效落实。

为此，国务妇儿工委办公室向国家发展改革委、教育部、公安部、民政部、司法部、人力资源和社会保障部、住房和城乡建设部、农业部、国家卫生计生委、国务院法制办、国务院扶贫办等 11 个成员单位印发了《关于将妇女儿童发展纲要相关目标任务纳入部门"十三五"

专项规划的函》，建议发展改革委等部门将扩大农村妇女"两癌"检查覆盖面、实施城镇低收入家庭妇女"两癌"检查项目纳入国家"十三五"规划纲要。建议将"妇女常见病定期筛查率达到80%以上，提高'两癌'的早诊早治率，降低死亡率；孕产妇死亡率控制在20/10万以下，逐步缩小城乡区域差距，降低流动人口孕产妇死亡率"纳入卫计系统"十三五"专项规划。建议将"教育工作全面贯彻性别平等原则；性别平等原则和理念在各级各类教育课程标准及教学过程中得到充分体现；高等学校女性学课程普及程度提高，女性青壮年文盲率控制在2%以下"纳入教育系统"十三五"专项规划。建议将"进一步保障男女平等享有劳动权利，加大劳动保障监察执法力度，严厉处罚就业中的性别歧视行为；制定专门政策措施，加强针对妇女的就业创业培训，创设有利于妇女创业就业的机会和岗位，特别是为就业困难的妇女群体积极创造就业条件；制定优惠政策，促进女大学生积极创业、充分就业；城乡生育保障制度进一步完善，生育保险覆盖所有用人单位，妇女生育保障水平稳步提高"纳入人力资源和社会保障部门"十三五"专项规划。建议将"村委会成员中女性比例达到30%以上，村委会主任中女性比例达到10%以上；妇女养老服务水平提高，以城乡社区为单位的养老服务覆盖面达到90%以上"纳入民政事业"十三五"专项规划。建议将"确保农村妇女平等获得和拥有土地承包经营权；提高农村妇女经济收入水平"纳入农业部门"十三五"

专项规划。建议将"降低妇女贫困程度"纳入"十三五"扶贫规划。建议将"城镇公共厕所男女厕位比例与实际需求相适应"纳入城市建设"十三五"专项规划。建议有关部门积极推进"加强对法规政策的平等审查"目标任务的落实，加快建立国家法律政策性别平等评估机制等。

确立性别平等目标与具体指标。在编制规划纲要工作中，既要关注妇女民生，也要关注性别平等；既要结合国情，又要体现国际趋势。无论是国民经济和社会发展总体规划，还是部门专项规划，都要把中国妇女发展纲要和地方妇女发展规划提出的主要目标任务，把关乎妇女民生和性别平等的关键问题，充分纳入国家和地方规划纲要，以保障妇女与经济社会同步发展。

20世纪以来，我国承诺履行《消歧公约》《北京宣言》《行动纲领》和千年发展目标及2030年可持续发展议程等国际公约和文件。结合我国国情将国际社会确定的妇女发展目标和性别平等指标纳入规划纲要草案，促进我国妇女和全球妇女协同发展。

文件节选

《改变我们的世界：2030年可持续发展议程》(节选)

目标 5. 实现性别平等，增强所有妇女和女童的权能

5.1 在全世界消除对所有妇女和女童的一切形式歧视。

5.2 消除公共和私人领域中针对所有妇女和女童的一切形式暴力，包括贩运、性剥削和其他形式的剥削。

5.3 消除童婚、早婚和逼婚以及残割女性生殖器官等一切有害习俗。

5.4 承认无薪酬的照护和家务工作，并承认其价值，为此各国视本国情况提供公共服务、基础设施和社会保护政策，促进住户和家庭内的责任分担。

5.5 确保妇女在各级的政治、经济和公共生活中全面有效参与决策，并享有进入领导层的平等机会。

5.6 根据《国际人口与发展会议行动纲领》《北京行动纲要》及历次审查会议成果文件商定的结果，确保普遍享有性健康和生殖健康以及生殖权利。

5.a 根据国家法律实行改革，让妇女享有获取经济资源的平等权利，并能拥有和控制土地和其他形式财产，获取金融服务，获得遗产和自然资源。

5.b 更多地使用能增强能力的技术，特别是信息和通信技术，促进增强妇女权能。

5.c 采用和加强合理的政策和可强制执行的立法，促进性别平等，在各级增强所有妇女和女童的权能。

3. 规划纲要草案征求意见和审议

多形式多渠道广泛听取民意。在通过网络征求全民意见、通过征求部门意见、通过专家咨询征求意见的各个环节中，都要注重收集保障妇女权益和促进性别平等的意见和建议，注重听取妇联组织和妇女群众的意见和建议，注重听取性别研究机构和性别平等专家的意见和建议。

图 4-2　我国政府制定的国民经济和社会发展规划（计划）纲要、中国妇女发展纲要

　　充分吸纳社会各界提出的意见和建议，将涉及保障妇女权益的民生内容、促进性别平等的目标指标，充分吸纳到规划纲要之中，以体现党和国家对贯彻男女平等基本国策的高度重视和有力实践。例如，国家"十五"计划纲要提出实施中国妇女儿童发展纲要，国家"十一五"规划纲要将保障妇女儿童权益用专节作出规定，国家"十二五"规划纲要将促进妇女全面发展进行单节规定，国家"十三五"规划纲要将"保障妇女未成年人和残疾人基本权益"列为专章，对促进妇女全面发展进行单节规定。

规划节选

第二节　促进妇女全面发展

　　落实男女平等基本国策，实施妇女发展纲要，全面开发妇女人力资源，切实保障妇女合法权益，促进妇女就业创业，提高妇女参与经济发展和社会管理能力。加强妇女劳动保护、社会福利、卫生保健、扶贫减贫及法律援助等工作，完善性别统计制度，改善妇女发展环境。严厉打击暴力侵害妇女、拐卖妇女等违法犯罪行为。

　　资料来源:《国民经济和社会发展第十二个五年规划纲要》第三十六章《全面做好人口工作》。

　　《国家中长期人才发展规划纲要（2010—2020年）》在征求意见阶段，认真听取并采纳妇联组织提出的相关建议，明确了"人才素质大幅度提高，人才的分布和层次、类型、性别等结构趋于合理"的战略目标，在主要举措中规定"加强女干部、少数民族干部、非中共党员干部培养选拔和教育培训工作"。

4. 制定妇女发展纲要

　　《妇女权益保障法》总则第三条规定:"国务院制定中国妇女发展纲要，并将其纳入国民经济和社会发展规划。县级以上地方各级人民政府根据中国妇女发展纲要，制定本行政区域的妇女发展规划，并将其纳入国民经济和社会发展计划"，为政府制定实施妇女发展纲要提供了法律依据。

图 4-3　北京市召开"十二五"妇女儿童规划编制工作会

1995 年以来，国务院先后颁布三个周期的中国妇女发展纲要，明确各阶段妇女发展的总体目标、重点领域及策略措施，全国 31 个省（区、市）和新疆生产建设兵团县级以上人民政府分别制定本行政区域妇女发展规划，形成了全国自上而下促进妇女发展的规划体系。

1995 年制定的《中国妇女发展纲要（1995—2000 年）》提出了 11 项目标和策略措施。2001 年制定的《中国妇女发展纲要（2001—2010 年）》确定了六个发展领域，提出了 34 项主要目标和 100 条策略措施。2011 年制定的《中国妇女发展纲要（2011—2020 年）》确定了七个发展领域，提出了 57 项主要目标和 88 条策略措施。随着我国经济社会的快速发展，妇女发展纲要的思路框架更加清晰，目标任务更加明确具体，分性别指标不断增加。制定实施妇女发展纲要是我国贯彻落实男女平等基本国策，促进性别平等和妇女发展的创新实践，是落实我国签署的联合国涉及性别平等和妇女发展相关公约和文件的政府承诺，是我国推动社会性别主流化的有效手段。

二、在规划纲要实施中落实男女平等基本国策

一分规划，九分落实。规划纲要审议批准后进入了实施阶段，需要通过宣传动员、任务分解、责任落实等工作部署，进行分阶段、分步骤、分领域的有序推进。

1. 宣传动员

政府和政府部门是规划纲要的实施主体，社会各界是实施规划纲要的重要推动力量，人民群众既是实施规划纲要的受益者，也是实施规划纲要的参与者。宣传动员工作特别要重视对涉及性别平等和妇女发展以及保障妇女权益相关内容的广泛宣传，提高全社会的性别平等意识，提高政府的执行力和激发全社会的参与热情。

组织开展多渠道多形式深入宣传动员，通过规划纲要新闻发布会全面宣传，扩大社会影响力；通过编印宣传手册、读本、辅导材料等进行重点宣传；通过电视、报纸、广播等传统媒体进行普及宣传；通过微信、微博、客户端、专栏等新型网络媒体面对重点人群进行集中宣传；通过标语、板报、广告、小品、宣传画、电子显示屏等群众喜闻乐见的形式进行长效性宣传。

实践事例

　　《中国妇女发展纲要（2011—2020 年）》颁布实施后，国家卫生计生委根据部门职责，结合部门承担的目标任务，积极开展多形式多类型的宣传教育活动，举行"关爱女性、关注健康，远离宫颈癌、乳腺癌"主题宣教活动，制作了挂历、印制宣传手册等群众喜闻乐见的宣传材料。通过卫生专栏、电子屏等进行长期宣传。利用卫生宣传日、宣传周开展卫生计生"三下乡"、义诊咨询服务等重点宣传。

　　资料来源：节选自国家卫生和计划生育委员会提供的案例。

2. 落实任务，分解目标指标

　　《中国妇女发展纲要（2011—2020 年）》颁布实施后，2012 年 2 月，国务院妇儿工委对 57 项主要目标和 88 条策略措施进行了目标任务分解，落实到 35 个成员单位和 5 个中央和国家机关与部门。

　　目标任务的落实需要层层分解，落细落小落实。如，为有效实施《全国现代农业发展规划（2011—2015 年）》提出的加大农村劳动力培训阳光工程实施力度的目标任务，农业部办公厅和财政部办公厅联合下发了《2011 年农村劳动力培训阳光工程项目实施指导意见》，将年度需要完成的培训目标 295.8 万人分解到全国 31 个省（区、市），并建立了分性别统计的阳光工程培训台账制度，计算出接受农村劳动力培训的女性比例，实时掌握女农民接受劳动力培训的状况。

表 4-1 《中国妇女发展纲要（2011—2020 年）》目标责任分解书

领域	主要目标	主要责任单位	责任单位
妇女与健康	1. 妇女在整个生命周期享有良好的基本医疗卫生服务，妇女的人均预期寿命延长。	卫生部	国家发展改革委 财政部 国家人口计生委
	2. 孕产妇死亡率控制在 20/10 万以下。逐步缩小城乡区域差距，降低流动人口孕产妇死亡率。	卫生部	国家人口计生委
	3. 妇女常见病定期筛查率达到 80% 以上。提高宫颈癌和乳腺癌的早诊早治率，降低死亡率。	卫生部	财政部 全国妇联
	4. 妇女艾滋病感染率和性病感染率得到控制。	卫生部	国家人口计生委 公安部 全国妇联
	5. 降低孕产妇中重度贫血患病率。	卫生部	国家质检总局 国家工商总局
	6. 提高妇女心理健康知识和精神疾病预防知识知晓率。	卫生部	中宣部 教育部 国家新闻出版总署 全国总工会 全国妇联 中国科协 中国残联
	7. 保障妇女享有避孕节育知情选择权，减少非意愿妊娠，降低人工流产率。	国家人口计生委	卫生部
	8. 提高妇女经常参加体育锻炼的人数比例。	国家体育总局	教育部 全国总工会 全国妇联

续表

领域	主要目标	主要责任单位	责任单位
妇女与教育	1. 教育工作全面贯彻性别平等原则。	教育部	
	2. 学前三年毛入园率达到70%，女童平等接受学前教育。	教育部	国家发展改革委 财政部 住房和城乡建设部
	3. 九年义务教育巩固率达到95%，女童平等接受九年义务教育，消除女童辍学现象。	教育部	国家发展改革委 中国残联 国家民委 全国妇联
	4. 高中阶段毛入学率达到90%，女性平等接受高中阶段教育。	教育部	国家发展改革委 中国残联 国家民委
	5. 高等教育毛入学率达到40%。女性平等接受高等教育，高等学校在校生中男女比例保持均衡。	教育部	国家发展改革委 中国残联 国家民委
	6. 高等学校女性学课程普及程度提高。	教育部	全国妇联
	7. 提高女性接受职业学校教育和职业培训的比例。	教育部 人力资源和社会保障部 农业部	中国残联 国家民委 全国妇联
	8. 主要劳动年龄人口中女性平均受教育年限达到11.2年。	教育部	国家发展改革委
	9. 女性青壮年文盲率控制在2%以下。	教育部	全国妇联
	10. 性别平等原则和理念在各级各类教育课程标准及教学过程中得到充分体现。	教育部	

续表

领域	主要目标	主要责任单位	责任单位
妇女与经济	1.保障妇女平等享有劳动权利，消除就业性别歧视。	人力资源和社会保障部 中组部	全国总工会 全国妇联 教育部
	2.妇女占从业人员比例保持在40%以上，城镇单位女性从业人数逐步增长。	人力资源和社会保障部	全国总工会 全国妇联
	3.男女非农就业率和男女收入差距缩小。	人力资源和社会保障部	全国妇联
	4.技能劳动者中的女性比例提高。	人力资源和社会保障部	教育部 农业部 全国总工会 全国妇联
	5.高级专业技术人员中的女性比例达到35%。	人力资源和社会保障部	科技部
	6.保障女职工劳动安全，降低女职工职业病发病率。	人力资源和社会保障部 国家安全监管总局 卫生部 全国总工会	
	7.确保农村妇女平等获得和拥有土地承包经营权。	农业部	民政部 全国妇联
	8.妇女贫困程度明显降低。	国务院扶贫办 民政部	财政部 人力资源和社会保障部 农业部 国家民委 全国妇联 中国科协 中国残联

领域	主要目标	主要责任单位	责任单位
妇女参与决策和管理	1. 积极推动有关方面逐步提高女性在全国和地方各级人大代表、政协委员以及人大、政协常委中的比例。	国务院妇儿工委成员单位及有关部门	
	2. 县级以上地方政府领导班子中有 1 名以上女干部，并逐步增加。	中组部	全国妇联
	3. 国家机关部委和省（区、市）、市（地、州、盟）政府工作部门领导班子中女干部数量在现有基础上逐步增加。	中组部	全国妇联
	4. 县（处）级以上各级地方政府和工作部门领导班子中担任正职的女干部占同级正职干部的比例逐步提高。	中组部	全国妇联
	5. 企业董事会、监事会成员及管理层中的女性比例逐步提高。	中组部 国资委	全国总工会 全国妇联
	6. 职工代表大会、教职工代表大会中女代表比例逐步提高。	全国总工会	教育部
	7. 村委会成员中女性比例达到 30% 以上。村委会主任中女性比例达到 10% 以上。	民政部	全国妇联
	8. 居委会成员中女性比例保持在 50% 左右。	民政部	全国妇联

续表

领域	主要目标	主要责任单位	责任单位
妇女与社会保障	1. 城乡生育保障制度进一步完善，生育保险覆盖所有用人单位，妇女生育保障水平稳步提高。	人力资源和社会保障部 卫生部	
	2. 基本医疗保险制度覆盖城乡妇女，医疗保障水平稳步提高。	人力资源和社会保障部 卫生部	
	3. 妇女养老保障覆盖面逐步扩大。继续扩大城镇个体工商户和灵活就业妇女的养老保险覆盖面，大幅提高新型农村社会养老保险妇女参保率。	人力资源和社会保障部 民政部	财政部
	4. 妇女参加失业保险的人数增加，失业保险待遇水平逐步提高。	人力资源和社会保障部	
	5. 有劳动关系的女性劳动者全部参加工伤保险。	人力资源和社会保障部	全国总工会
	6. 妇女养老服务水平提高，以城乡社区为单位的养老服务覆盖率达到90%以上。	民政部	财政部
妇女与环境	1. 男女平等基本国策进一步落实，形成两性平等、和谐的家庭和社会环境。	国务院妇儿工委各成员单位	
	2. 性别平等原则在环境与发展、文化与传媒、社会管理与家庭等相关政策中得到充分体现。	中宣部 国家发展改革委 环保部 文化部 国家广电总局 国家新闻出版总署 全国妇联	

领域	主要目标	主要责任单位	责任单位
妇女与环境	3. 完善传媒领域的性别平等监管机制。	中宣部 文化部 国家广电总局 国家新闻出版总署	全国妇联
	4. 开展基于社区的婚姻家庭教育和咨询，建立平等、文明、和谐、稳定的家庭关系。	中宣部 民政部 中央文明办 全国妇联	
	5. 鼓励和引导妇女做和谐家庭建设的推动者。	中宣部 文化部 国家广电总局 中央文明办 全国妇联	
	6. 开展托幼、养老家庭服务，为妇女更好地平衡工作和家庭责任创造条件。	人力资源和社会保障部 教育部 民政部	卫生部 全国妇联
	7. 全面解决农村饮水安全问题，降低水污染对妇女健康的危害。农村集中式供水受益人口比例提高到85%左右。	水利部 卫生部 环保部	
	8. 农村卫生厕所普及率提高到85%。城镇公共厕所男女厕位比例与实际需求相适应。	卫生部 住房和城乡建设部	
	9. 倡导妇女参与节能减排，践行低碳生活。	国家发展改革委 环保部	国家林业局 全国妇联
	10. 提高妇女预防和应对灾害风险的能力，满足妇女在减灾中的特殊需求。	民政部	国家发展改革委 科技部 全国妇联 中国科协

续表

领域	主要目标	主要责任单位	责任单位
妇女与法律	1. 促进男女平等的法律法规不断完善。	国务院法制办	国务院妇儿工委各成员单位
	2. 加强对法规政策的性别平等审查。	国务院法制办	国务院妇儿工委各成员单位
	3. 妇女依法维护自身权益的意识和能力不断增强。	司法部	教育部 公安部 全国总工会 全国妇联
	4. 严厉打击强奸、拐卖妇女和组织、强迫、引诱、容留、介绍妇女卖淫等严重侵害妇女人身权利的犯罪行为。	公安部 最高人民检察院 最高人民法院	司法部
	5. 预防和制止针对妇女的家庭暴力。	公安部 全国妇联	最高人民法院 最高人民检察院 司法部 民政部 卫生部
	6. 保障妇女在婚姻家庭关系中的财产权益。	最高人民法院 民政部	司法部 全国妇联
	7. 保障妇女依法获得法律援助和司法救助。	司法部 最高人民法院	全国妇联

实践事例

　　为了落实遏制出生人口性别比持续偏高的目标,《国家"十二五"规划纲要实施监测评估指标及评估方法》要求将《国家人口发展"十二五"规划》提出的 2015 年全国出生人口性别比下降到 115 以下的目标进行细化分解,以第六次全国人口普查出生人口性别比 117.9 为基数，由人口计生委商各省（区、市）将全国 5 年下降 2.9 个点的目标分解到各地区，确保全国目标实现。各地区再根据 5 年分地区目标，提出分年度出生人口性别比控制目标。

3. 采取有力措施，落实规划纲要目标

在实施规划纲要中，不仅需要通过常规工作进行落实，一些重点难点目标还需要采取专门措施，专项推进。如为落实《中国妇女发展纲要（1995—2000 年）》提出的"使孕产妇死亡率在 1990 年的基础上降低 50%"和"消除新生儿破伤风"的目标，2000 年卫生部、国务院妇儿工委和财政部联合启动"降低孕产妇死亡率、消除新生儿破伤风"项目，在全国 12 个地区、378 个孕产妇死亡率高于 80/10 万的贫困县实施。从 2000 年到 2010 年，中央财政累计投入 21.3 亿元，项目逐步扩展到 22 个省（区、市）和新疆生产建设兵团 2297 个县，取得农村住院分娩率上升，孕产妇死亡率、婴儿死亡率和新生儿破伤风发病率不断下降的"一升三降"的显著成绩。

全国 31 个省（区、市）和新疆生产建设兵团在妇女发展纲要规划实施过程中，因地制宜，针对重点难点问题通过设立项目推动落实。

实践事例

吉林省为推动《吉林省妇女发展规划（2001—2010

年）》参政领域各项主要目标的实现，省委组织部制定下发《吉林省"十五"期间培养选拔女干部工作目标及措施》，在领导班子换届、领导干部公开选拔和国家公务员招录等工作中，坚持选拔、招录标准，采取为女干部"留职数""倒位子"等措施，提高妇女参政比例。

资料来源：节选自吉林省妇联提供的案例。

　　抓好示范、以点带面，是实施规划纲要的一个重要方法。做好示范工作，是为规划纲要有效实施探索新路子、树立新品牌、强化新效应、发挥龙头带动作用的一项工作。在实施《中国妇女发展纲要》20多年工作实践中，始终坚持示范先行。1995年实施第一周期中国妇女发展纲要，确立了102个示范地区（地、市、州、盟）。实施第二、三周期中国妇女发展纲要，在31个省（区、市）和新疆生产建设兵团各选择2个县（市、区、旗）作为示范单位。示范单位根据妇女发展纲要目标任务提出示范工作的主要内容，国务院妇儿工委办公室和各地妇儿工委办公室给以资金支持和工作指导，推动示范工作有效开展。同时各省和各市（地）也分别开展两纲示范工作，形成了国家、省、市三级妇女发展纲要规划示范工作机制。

文件节选

国务院妇女儿童工作委员会关于做好
2011—2020 年中国妇女儿童发展纲要
示范工作的意见（节选）

一、示范县（市、区）基本标准

制定了较高标准的本地区妇女儿童发展规划和部门实施方案。依据国家妇女儿童发展纲要，结合实际制定好本地区妇女儿童发展规划，注重突出地方特色，具有针对性和可行性。规划的主要目标纳入本地区经济和社会发展总体规划及专项规划，统一部署，统筹安排，同步实施，同步发展。本地区政府各有关部门、相关机构和社会团体结合各自职责，按照任务分工，制定了实施方案，有效推动规划目标的实现。

建立了有效的实施规划工作机制。1.建立政府主导、多部门合作、全社会参与的工作机制。妇女儿童工作纳入政府工作的议事日程，纳入政府主要领导和分管领导的工作任务，纳入政府和相关职能部门职责范围。政府主要领导每年至少听取一次实施规划情况的汇报，政府常务会议每年至少一次专题研究妇女儿童工作，每年至少召开一次妇女儿童工作委员会全体会议，汇报、交流实施规划的进展情况。2.建立目标管理责任制，应有分部门、分项实施规划的目标责任分解书，将规划主要目标纳入相关部门、机构和社会团体的目标管理和考核体系，考核结果作为对领导班子和有关负责人综合考核评价的重要内容。3.建立报告制度，各有关部门每年至少一次向妇女儿童工作委员会和上级主管部门报告实施规划情况，妇女儿童工作委员会每年向上级妇女儿童工作委员会报告本地区实施规划的总体情况，并及时向社会通报妇女儿童发展状况。4.建立完善的监测评估机制，设立监测评估领导小组，下设监测组和评估组，组织开展年度监测、中期评估和终期评估，并形成监测评估报告。将妇女儿童生存、发展有关的统计指标和分性别统计指标纳入常规统计或统计调查，乡镇（街道）有妇女儿童状况的相关统计，规划各项检测指标统计数据真实、准确。

　　为实施规划提供必要的经费保障。实施规划所需经费纳入了财政预算，并随着经济增长逐步增长。对实施规划重难点目标优先增加专项经费投入。同时动员社会力量，多渠道筹集资金，支持妇女儿童发展。县（市、区）妇女儿童工作委员会办公室每年工作经费东部地区在 10 万元以上、中部地区在 8 万元以上、西北地区在 6 万元以上，纳入财政年度预算。

　　宣传培训工作经常化、制度化。制订切实可行的宣传培训方案。通过多种形式，分年度、分层次地对政府领导干部，妇女儿童工作委员会成员单位及各有关部门、机构负责人和相关人员，妇女儿童和相关专业工作者开展男女平等基本国策和儿童优先原则、规划相关内容、促进妇女儿童发展的方针政策、保障妇女儿童权益的法律法规和有关国际公约等方面的理论和业务培训。将男女平等基本国策和儿童优先原则的相关内容及相关法律法规和方针政策纳入各级党校、行政学院培训课程。多渠道、多形式宣传规划内容及妇女儿童工作中的典型经验和成效，同时加强对媒体的引导和监督，营造有利于妇女儿童发展的社会氛围。

建立了较为完善的工作机构。县（市、区）妇女儿童工作委员会机构健全，明确一名分管领导担任妇女儿童工作委员会主任，妇女儿童工作相关部门作为成员单位，尽职履责。县（市、区）妇女儿童工作委员会办公室机构单设，至少有一个编制并配齐、配强至少1名专职干部。妇女儿童工作委员会及其办公室有较完善的规章制度，工作科学化、制度化、规范化，并逐步实现信息化。本地区建有坚持公益性、管理规范的妇女儿童活动阵地。

妇女儿童发展水平处于同等经济条件地区前列。2001—2010年中国妇女儿童发展纲要和本地区规划的主要目标已如期实现。通过出台政策措施、列入实事项目等，解决妇女儿童发展中的重难点问题成效显著。妇女儿童权益得到切实保障。妇女儿童幸福指数和对政府履行职责的满意度处于较好水平。形成了尊重妇女、保护儿童的良好社会风尚。

二、示范工作的基本要求

严格申报审核程序和标准。国务院妇女儿童工作委员会先后确定"实施中国妇女儿童发展纲要国家级示范县（市、区）（2012—2015年）"，"实施中国妇女儿童发展纲要国家级示范县（市、区）（2016—2020年）"，每期各64个两纲示范县（市、区）。申报、推荐、审核、确定两纲示范县（市、区）应严格把关、择优选取，具体申报审批程序是：国务院妇女儿童工作委员会下发申报两纲示范县（市、区）的通知；由符合示范标准的县（市、区）政府按程序向省级妇女儿童工作委员会申报，各省（区、市）及新疆生产建设兵团妇女儿童工作委员会及政府分管领导审核后分别推荐1县（市）1区共2个示范县（市、区）报国务院妇女儿童工作委员会审定；国务院妇女儿童工作委员会审定后下发关于确定两纲示范县（市、区）的通知并颁发标牌。各地区要按照标准从严审核把关。

加强交流和培训。示范县（市、区）每年要向省级妇女儿童工作委员会、国务院妇女儿童工作委员会提交工作计划和总结，并及时上报工作信息。国务院妇女儿童工作委员会办公室通过简报等形式通报和交流示范工作情况，定期组织培训、研讨或交流活动。

加强考核和评估。示范县（市、区）要依照本意见规定的基本标准，参照两纲监测统计指标体系和评估方案进行年度自查，形成书面报告经省级妇女儿童工作委员会报国务院妇女儿童工作委员会备案。国务院妇女儿童工作委员会办公室不定期对示范县（市、区）进行抽查，对达不到示范标准的，与有关省（区、市）协商一致后取消其示范资格；国务院妇女儿童工作委员会委托省级妇女儿童工作委员会每 2 至 3 年对示范县（市、区）进行考核评估，达不到示范标准的，由所在省级妇女儿童工作委员会提出调整意见，报国务院妇女儿童工作委员会审核批准后取消示范资格。取消示范资格后，所在省级妇女儿童工作委员会可申请补充符合条件的示范县（市、区），报国务院妇女儿童工作委员会审核批准。

建立激励机制。国务院妇女儿童工作委员会、各省（区、市）及新疆生产建设兵团妇女儿童工作委员会，对示范县(市、区）给予适当政策和资金倾斜，在学习培训、实施项目、调研指导等方面优先选择示范县（市、区）。

三、示范工作的组织领导

两纲示范工作应在各级党委、政府统一领导下进行，有关部门密切配合，社会各方面大力支持，形成工作合力。国务院妇女儿童工作委员会及其办公室、各省（区、市）及新疆生产建设兵团妇女儿童工作委员会及办公室要加强对实施两纲示范工作的指导，及时总结、推广经验，并在政策、项目、资金等方面给予示范县（市、区）一定支持。要加强组织协调和监督检查，加强与各部门的密切合作，确保实施两纲示范工作取得成效。示范单位要增强表率意识，将实施两纲作为推动本地区经济社会协调发展、全面建设小康社会的重要措施，列入重要工作日程，精心组织，认真落实。各省（区、市）及新疆生产建设兵团妇女儿童工作委员会可参照本意见，结合实际开展本地区妇女儿童发展规划／纲要示范工作。

三、在规划纲要监测评估中促进男女平等目标实现

对规划纲要开展监测评估的目的，是摸清国民经济和社会发展总底数，总结规划纲要实施的成功经验、查找问题和不足，进一步健全实施工作制度。开展监测评估的方法，既可以采用自我评估和督导检查评估，也可探索第三方评估。

图4-4　四川省政府召开两纲监测指标运行分析会

1. 建立健全监测评估机制

建立监测评估机构。设置监测评估领导小组、监测统计组、评估督导组。要将妇联组织和性别研究专家吸纳为成员。中国妇女发展纲要实施以来，从国家到省、市、县都成立了规划纲要监测评估机构。

文件节选

中国妇女发展纲要监测评估组织机构及职责
（1997 年 10 月）

一、国家级监测评估组织及职责

1. 监测评估领导小组。组长和副组长由国务院妇女儿童工作委员会的领导担任，成员由国务院妇女儿童工作委员会成员单位中的主管部级领导人组成。

主要职责是：组织、领导和协调统计监测和评估工作。审议监测评估工作计划和计划执行情况，审定监测评估方案和监测评估报告，研究解决监测评估工作中的重大问题。

2. 监测评估专家组。组长和副组长由国务院妇女儿童工作委员会办公室的负责同志和有关专家担任。成员由有关方面的专家、学者组成。

主要职责是：在监测评估领导小组领导下，对统计监测组提供的资料和调查研究获得的材料，经过评审和定性研究相结合的分析，对《妇女纲要》实施情况作出评估，总结经验，提出加强和改进工作的意见。协调统计监测组，对监测评估工作人员进行检测评估业务培训。

3.统计监测组。由国家统计局牵头负责，国务院妇女儿童工作委员会办公室参与工作。组长由国家统计局主管局长担任，成员由国务院妇女儿童工作委员会部分成员单位和有关业务部门的主管司局级负责人组成。

主要职责是：在监测评估领导小组领导下，根据《妇女纲要》规定的目标，制定和完善监测评估指标体系和方案。向监测评估领导小组提交统计监测评估工作计划。搜集、整理有关数据和资料；根据需要，组织人员进行缺口数据的补充调查。帮助、指导各部门、各地区的监测统计工作；编印全国年度检测评估报告、监测评估资料和监测评估工作手册。协同专家组，对监测评估工作人员进行监测评估业务培训。建立妇女统计数据库，开发软件，对上报资料进行处理，并对有关人员进行技术培训。

监测评估领导小组的日常工作由国务院妇女儿童工作委员会办公室承担。

二、各部门的监测评估组织及职责

国务院妇女儿童工作委员会各成员单位和有关业务部门应根据各自对实施《妇女纲要》所承担的任务，做好监测评估工作，由专门组织或专门人员负责此项工作（组织和个人名单报国家统计局备案）。

主要职责是：在本单位的上级领导和国家统计监测组

的指导下，完成有关统计监测和评估任务，提供有关数据和资料。

三、各地区应成立相应的组织机构，履行应有的职责。机构名称及负责人名单报国家统计局统计监测组备案。

建立健全监测评估制度。建立实施妇女发展纲要规划的信息通报制度、年度报告制度、中期评估和终期评估制度、联席会议制度、督导检查制度、评审考核制度等，提高妇女发展纲要规划监测评估工作的规范化和科学化水平。特别要建立健全分性别统计制度，注重将所设指标与国际性别指标衔接，不断完善性别统计指标体系。《中国妇女发展纲要（2011—2020 年）》就设有 50 个分性别监测指标。

2.确定监测评估方法和评估重点

坚持全面和重点相结合的原则，采取定量和定性分析的方法，

图 4-5　国务院妇儿工委两纲评估组在新疆进行评估检查

对妇女发展纲要规划提出的主要目标、策略措施的进展情况进行分析评价，中期评估注重发现解决问题，预测判断目标完成趋势，确定达标、预期达标和不能达标三种判断标准。终期评估主要是分析判断妇女发展纲要规划的完成情况，特别是主要目标的实现情况。无论是中期评估还是终期评估，都要对涉及性别平等和妇女发展的主要目标和策略措施进行重点评估。

文件节选

关于做好《中国妇女发展纲要（2011—2020 年）》和《中国儿童发展纲要（2011—2020 年）》中期评估工作的通知（节选）

（印发国务院妇女儿童工作委员会成员单位）

根据《中国妇女发展纲要（2011—2020 年）》关于监测评估的要求，按照国务院妇女儿童工作委员会六届二次全体会议的安排部署，国务院妇儿工委定于2015—2016 年对两纲实施情况进行中期评估。通过开展两纲中期评估，了解掌握本部门承担的两纲目标进展情况和发展趋势，梳理分析推动实现两纲目标所采取策略措施的有效性，总结提炼实施两纲的有效做法和成功经验，查找实施两纲中存在的问题，制定改进措施。通过中期评估，进一步增强做好妇女儿童工作的主体意识和责任意识，明确本部门今后五年实施两纲的主要任务和重点工作，确保如期实现两纲目标。

1. 开展自我评估。国务院妇儿工委成员单位和相关部门对照各自承担的两纲目标责任，制定自我评估方案，开展自我评估，提交评估报告。

2. 赴省评估督导。在各地自我评估基础上，国务院妇儿工委组建由国务院妇儿工委委员任组长、部门同志及专家组成的若干国家级两纲中期评估督导组，于2016年4—6月赴31个省（区、市）和新疆生产建设兵团开展评估督导。

3. 撰写印发两纲中期评估报告。国务院妇儿工委办公室依据国家统计局提交的2011—2015年两纲统计监测报告和各成员单位及相关部门自我评估报告，结合各省（区、市）和新疆生产建设兵团自我评估报告及赴省评估督导情况，起草两纲中期评估报告，征求各成员单位和相关部门意见后报委员会主任审定，完善妇女儿童相关法规政策情况。

按照《监督法》规定和监测评估报告建议，在对规划纲要的部分目标指标调整工作中，要特别关注对性别平等和妇女发展目标指标的实施调整和完善，不断提高实现妇女发展目标任务的水平。如《中国妇女发展纲要（2001—2010年）》在调整个别目标指标时，为动态监测、准确掌握农村妇女土地权益情况，增加了"未获得承包经营土地／土地收益农村人口的女性比例"的指标。

3. 有效转化和科学使用监测评估结果

将监测评估与推进性别平等和妇女发展工作有机整合，提高监测评估的实效性。要突出监测评估结果的反馈和改进，把激励和惩罚有机结合，激发被评估单位的积极性。充分利用监测评估结果，认真查找问题，分析成因，不断改进工作。对在规划纲要实施中推动性别平等和妇女发展较好的部门和地区，通过适当方式进行表奖；对存在差距的部门和地区，通过适当方式进行督促推动。

图 4-6　云南省政府在省第五次妇女儿童工作会议上为先进集体颁奖

实施中国妇女发展纲要以来，国务院妇儿工委建立了激励表彰制度，将实施规划纲要落实情况好的部门和地区，授予"全国实施妇女儿童发展纲要先进集体"称号。对监测评估中发现的问题与不足，通过多部门合作促进解决。如《中国妇女发展纲要（1995—2000 年）》终期监测评估发现，一些地区农村妇女的土地承包权没有得到保障，主要是出嫁女和离婚丧偶妇女失地问题严重。究其原因，多是以村委会决议或村民大会决议的形式，剥夺她们的土地承包权益。全国妇联、农业部、民政部通过推动修改村规民约促进解决这一问题。

4

☆**相关案例**

案例 10　国家"十二五"规划纲要编制

工作贯彻落实男女平等基本国策

党和国家重视通过编制规划纲要推动妇女与经济社会同步发展。在"十二五"规划纲要编制过程中，贯彻男女平等基本国策，将"促进妇女全面发展"设为专节，提出妇女发展的目标要求。

一是编制规划纲要调研工作积极关注性别平等和妇女发展议题。国家发展改革委将促进性别平等和妇女发展与规划纲要编制工作有机结合，2008 年布置"开展'十二五'规划前期重大问题研究"，2010 年开展"共绘蓝图——我为'十二五'规划建言献策"活动，为社会各界提供了多种参与方式和渠道，对涉及性别平等的议题组织专门力量认真研究、积极吸纳，对全国妇联提出的"关于将妇女儿童发展的主要指标纳入国家'十二五'规划的提案"给予高度重视，决定做好"十二五"规划纲要与中国妇女发展纲要目标、任务和主要指标的衔接；在编制"十二五"规划过程中，积极落实男女平等基本国策，将促进妇女发展的主要指标纳入"十二五"规划。

二是在草案形成中就妇女发展内容充分协商沟通。国家发展改革委发展规划司和国务院妇儿工委办公室进行面对面交流沟通和书面协商，在促进性别平等和妇女发展以及保障儿童权益的理念上达成共识，妇女权益关乎男女平等发展，儿童权益关乎优先保护，决定将促进妇女全面发展、保障儿童优先发展分两节进行编制。

三是征求意见时积极听取全国妇联的意见建议。"十二五"规划纲要草案征求意见期间，国家发展改革委坚持开门搞规划的指导思想，认真听取全国妇联和性别研究机构以及专家学者的意见建议，对促进妇女全面发展的内容进行斟酌修改和完善，特别强调要写入实施妇女发展纲要，完善性别统计制度，改善妇女发展环境，严厉打击暴力侵害妇女违法犯罪行为等内容。

国家发展改革委在编制"十二五"规划纲要时重视贯彻落实男女平等基本国策，促进妇女与经济社会发展同步规划、促进妇女自身全面发展的积极实践，为地方经济社会发展规划和部门事业发展规划提供了经验借鉴。

各地在编制经济社会发展规划纲要过程中，都将促进妇女全面发展、推动性别平等纳入其中。有近三分之二的省（区、市）在"十二五"规划纲要中明确提出要实施妇女发展规划纲要；有近三分之一省的（区、市）在"十二五"规划纲要中明确提出保障妇女权益或权利。北京、上海等地在编制"十二五"规划纲要过程中，不仅将妇女发展纳入当地"十二五"规划纲要，而且大胆创新，将编制妇女发展规划作为"十二五"规划的专项规划，统一部署，统筹编制。

相关部门在专项规划的编制过程中，积极落实国家"十二五"规划纲要关于"促进妇女全面发展"的目标要求，将促进性别平等和妇女发展纳入各专项规划。《国家人口发展"十二五"规划》明确提出"切实保障妇女合法权益，促进妇女就业创业，提高妇女参与经济发展和社会管理能力，严厉打击暴力侵害妇女等违法犯罪行为"等工作目标。《国家人权行动计划（2012—2015 年）》明确提出"实施妇女权益保障法，促进男女平等，保障妇女合法权益"。

4

案例 11 《中国妇女发展纲要（2011—2020 年）》
的编制、实施与监测评估

自 1995 年以来，国务院先后颁布实施的三个周期中国妇女发展纲要，是指导和促进妇女发展的纲领性文件，明确提出了各阶段妇女发展的总体目标、优先领域、主要目标及策略措施。

国务院妇女儿童工作委员会办公室在《中国妇女发展纲要（2011—2020 年）》的编制、实施和监测评估中，充分发挥组织协调、指导、督促作用，调动各方力量，落实妇女发展的目标要求，解决妇女发展的重点难点问题，推动妇女与经济社会同步发展。

一、妇女发展纲要的编制

1. 制定编制工作方案

国务院妇女儿童工作委员会（以下简称"国务院妇儿工委"）领导高度重视《中国妇女发展纲要（2011—2020 年）》（以下简称"妇女发展纲要"）的编制工作，多次召开专题会议，进行研究部署，成立编制妇女发展纲要的领导小组，由国务院妇儿工委办公室承担妇女发展纲要编制的具体工作。国务院妇儿工委办公室按照五届一次全委会对编制妇女发展纲要的要求，在听取国家发展改革委同志介绍制定专项规划的要求、学习国家其他纲要和规划编制情况的基础上，制订了包括指导思想、主要任务、具体要求、工作步骤、组织领导等内容的工作方案和工作流程，为规范有序地开展妇女发展纲要的编制工作提供指南。

2.广泛调研，科学论证，形成妇女发展纲要草案

国务院妇儿工委办公室多次组织各个成员单位联络员、各省（区、市）妇儿工委办公室负责同志、国务院妇儿工委办公室老领导、有关专家学者和联合国驻华机构等，召开研讨会，广泛征求各方面意见建议。委托全国妇联妇女研究所进行专家建议稿的起草工作，多次召开各专题的研讨会，深入研究新一周期妇女发展纲要总体框架，形成专家建议稿。国务院妇儿工委办公室在充分吸收各方面意见的基础上，认真研究，形成了妇女发展纲要框架。随后分领域召开了 20 多个座谈会，广泛听取各成员单位和有关部门同志及专家学者的意见建议，就内容设置的科学性、前瞻性和可操作性进行反复论证，形成妇女发展纲要草案。

3.征求意见，审核确认，形成妇女发展纲要送审稿

组织全国 31 个省（区、市）、新疆生产建设兵团妇儿工委办公室和部分省（区、市）妇儿工委成员单位同志讨论草案；分领域召开 10 多个座谈会，听取各方面意见；针对一些具体领域和目标与相关部门协商研讨，形成征求意见稿。发函至国务院妇儿工委各成员单位、10 个有关部门和相关机构、31 个省（区、市）和新疆生产建设兵团妇儿工委、有关领导和老同志，正式征求意见。认真研究分析、吸收采纳相关意见，26 易其稿，形成妇女发展纲要送审稿。

4.审议批准

2011 年 6 月 15 日，国务院常务会议审议并原则通过《中国妇女发展纲要（2011—2020 年）》。2011 年 7 月 30 日，国务院下发《关于印发中国妇女发展纲要和中国儿童发展纲要的通知》，要求各地区、各有关部门高度重视，认真制定地方妇女发展规划和

部门实施方案，建立健全工作机制，加强监测评估，确保妇女发展纲要顺利实施。

二、妇女发展纲要的实施

1. 妇女发展纲要的宣传动员工作

2011 年 8 月 9 日，国务院新闻办公室举行《中国妇女发展纲要（2011—2020 年）》新闻发布会，国务院妇儿工委副主任宋秀岩同志介绍了妇女发展纲要编制的过程和内容。印发妇女发展纲要单行本（中英文）和妇女发展纲要宣传画。新华社等多家媒体对妇女发展纲要的内容进行了深度报道和解读。国务院妇儿工委网站开辟专栏和《两纲通讯》专刊进行宣传。编印了妇女发展纲要学习辅导读本，全面解读纲要内容，指导各地区各部门贯彻落实妇女发展纲要。

2011 年 11 月，国务院妇女儿童工作委员会召开了第五次全国妇女儿童工作会议，全面部署了《中国妇女发展纲要（2011—2020 年）》的实施工作。国务院领导出席会议并发表重要讲话，国务院妇儿工委各成员单位、31 个省（区、市）和新疆生产建设兵团、10 个有关部门的负责同志参加会议。

为推动实施妇女发展纲要，国务院妇儿工委办公室举办实施妇女发展纲要国家级培训班，对妇儿工委成员单位、相关责任单位及全国各省（区、市）和新疆生产建设兵团妇儿工委办公室的相关负责同志进行了培训。

2. 妇女发展纲要的目标分解与执行

一是分解目标任务。国务院妇儿工委根据妇女发展纲要的内容以及各成员单位和有关部门的职责分工，制定下发了妇女发展纲要目标责任分解书，将妇女发展纲要的目标任务具体分解到 35 个成员单位和 10 个有关部门。各单位均研究制订了落实妇女发展纲要目标责任的实施方案。

二是开展示范工作。2012 年，国务院妇儿工委在全国设立 64 个国家级两纲实施示范县（市、区），通过示范先行、以点带面推动纲要实施。2013 年，国务院妇儿工委办公室召开全国妇女发展纲要示范工作会议，为全国两纲示范县（市、区）授牌，总结交流妇女发展纲要示范工作取得的成绩和经验，研究部署示范工作的重点和要求，开展妇女发展纲要业务知识培训，推动妇女发展纲要全面实施和目标达标。

图 4-7　山东省妇儿工委举办全省县（市、区）妇儿工委主任培训班

三是解决重点难点问题。国务院妇儿工委各成员单位认真落实妇女发展纲要目标责任分解书和部门实施方案，每年确定 1—2 个妇女发展中的重点难点问题，明确工作目标，开展多部门合作。

国务院妇儿工委办公室加大协调力度，采取有力措施，集中资金，切实解决重点难点问题。

三、妇女发展纲要的监测评估

按照妇女发展纲要组织实施和监测评估的要求，国务院妇儿工委建立了妇女发展纲要监测评估机制，下发了妇女发展纲要监测评估指标体系，对各地实施妇女发展纲要的情况开展了督导检查。

一是建立监测评估机制。国务院妇儿工委成立了两纲监测评估领导小组，下设监测组、评估组，对妇女发展纲要 7 个领域的 47 项指标进行年度统计监测，关注男女在社会经济发展中的平等受益情况，掌握妇女发展纲要的实施进度。

二是下发监测评估指标体系。国务院妇儿工委向各成员单位和中央有关部门、31 个省（区、市）和新疆生产建设兵团下发了《〈中国妇女发展纲要（2011—2020 年）〉监测指标体系》的通知，要求各有关单位按照指标体系要求，将有关指标纳入部门统计制度，做好监测工作。同时要求各省（区、市）和新疆生产建设兵团妇儿工委结合本地情况，编制本地妇女发展纲要监测指标体系，指导本地妇女发展纲要监测工作。

三是对纲要主要目标完成情况实施年度监测。2012 年，国家统计局根据 2011—2020 年中国妇女、儿童发展纲要监测指标体系，对妇女儿童状况综合统计制度重新进行了修订。截至 2013 年年底，妇女儿童综合统计制度共有 40 多张统计报表，近 500 个统计指标，形成了一个较为全面的反映妇女儿童状况的统计指标体系。每年由国家统计局牵头，撰写妇女发展纲要实施年度统计监测报告，印发国务院妇儿工委成员单位。

　　四是加强督导检查。国务院妇儿工委领导同志带队赴各地进行两纲督导检查，实地考察省、市、县三级实施妇女发展纲要的情况，就妇女发展纲要实施的进展情况、存在的重难点问题以及如何更好地实施纲要与政府有关部门、各级妇儿工委和妇女群众进行交流，推动解决重点难点问题。

案例 12　地方政府积极实施妇女发展规划
——上海市的做法

1996 年，上海市率先在全国编制了第一部地方妇女发展规划——《上海妇女发展"九五"规划》。在国务院相继颁布中国妇女发展纲要后，上海市按照"县级以上地方人民政府依据本纲要，结合实际制定本地区妇女和儿童发展规划"的要求，立足"同步发展、缩小差距"的原则，制订实施国家妇女发展纲要实施方案——上海妇女发展规划，从指导方针、目标策略等方面体现了与国家纲要和全球发展目标有机接轨。实施上海妇女发展规划，体现了上海市在贯彻落实男女平等基本国策上的战略部署和具体行动计划。经过 20 年实践探索，上海市逐步形成了"党委领导、政府主导、妇儿工委主管、成员单位主责、社会协同、妇女参与"的工作格局。

一、注重制度安排，明确政府责任

上海市坚持将妇女发展主要目标纳入上海市国民经济和社会发展规划纲要，纳入市政府专项规划序列，纳入市政府年度工作报告以及财政预算。市政府每五年召开一次上海市妇女儿童工作会议，每年召开一次上海市妇女儿童工作委员会全体会议，总结部署实施妇女发展规划工作。

市妇儿工委与市人大建立年度立法监督调研、年度执行汇报、重大事件报告工作制度，与市法制办建立性别审视、指导成员单位强化性别意识、听取妇女机构/组织意见工作制度，依托立法监督力量对妇女权益保障落实情况给予支持。

图4-8 上海市虹口区政府妇儿工委召开妇女发展规划中期评估汇报会，各成员单位汇报规划目标和措施落实情况

市妇儿工委各成员单位还根据部门职责，制订规划实施方案，将规划中的重要目标和任务与本部门专项规划相衔接，统一部署，同步实施。区县妇儿工委积极推动将妇女发展规划纳入区县总体规划和专项规划，逐步建立了区委、区人大、区政府和区政协四套班子定期听取实施规划情况工作汇报制度，将实施妇女发展规划纳入区县政府对部门和街镇的绩效考核体系。

二、探索创新机制，实现长效管理

市妇儿工委在实施妇女发展规划中逐步建立了一系列行之有效的管理机制和工作制度，首创"以领域确定副主任分工，以副主任分工统筹领域发展"的副主任分工责任制。定期召开专题工作会议，研究解决规划实施中的重点难点问题，实行年度督导检查，确保规划目标任务落实。

率先建立省级统计监测评估制度，规定每周期规划都要开展年度监测统计，形成年度妇女发展规划监测统计报告。在中期和终期评估工作中，采用多维评估模式将自我评估和抽查评估相结合，综合分析妇女规划实施情况，形成评估报告，通过市政府新闻发言人向社会发布上海妇女发展状况。

实行目标责任制度，将规划各项目标指标分解到各成员单位，区县政府通过与成员单位签订目标责任书等形式，形成有效的约束和激励机制，推进妇女规划的有效实施。健全规范管理制度，通过述职评议制度、达标排序制度、绩效考核制度等，督促成员单位报告实施妇女发展规划的达标状况、实施效果、存在问题和特色经验。

三、加大财政投入，为实施规划提供资金保障

将实施妇女规划所需经费纳入年度财政预算，随着经济社会发展不断增加经费投入。以全市各区县妇儿工委办公室年度工作经费为例，从"十五"计划规定按照所在地区妇女人均0.5—1.5元的标准，提高到"十二五"规划规定按照常住人口妇女人均2.5元的标准，2011—2013年区县妇儿工委办公经费总额达7466.17万元，静安区（中心城区）已达妇女人均6元的标准。

从实施第二周期妇女发展规划开始，设置与妇女"三最"利益相关的实事项目，要求各成员单位每年至少为妇女做一件实事，并将所需经费纳入各部门的事业经费。上海市"十五"计划把"设

立上海妇女发展数据库""建立妇女法律援助中心"等 20 个重点工作和重点目标列为实事项目,"十一五"规划把"男女平等基本国策纳入各级党校主体班课程"等 10 个主要目标列为实事项目,"十二五"规划把"建立性别平等监督机制""开展婚前保健、孕前保健、产前筛查、新生儿疾病筛查服务"等 10 个主要目标列为实事项目。

四、开展性别统计,动态掌握性别平等和妇女发展状况

分性别统计是贯彻落实男女平等基本国策的一项重要工作,是实施妇女发展规划的有效手段。从 1996 年开始,上海市妇儿工委和市统计局要求市、区县两级开展分性别监测统计工作。

一是市妇儿工委作为上海市分性别统计工作的牵头部门,推动市统计局每年提交的妇女发展状况报告不断充实性别统计资料。二是市统计局作为市妇儿工委的成员单位,加强对相关部门及区县统计人员的分性别统计业务培训,明确指标统计口径和来源,提高统计数据质量。有计划、有步骤把性别统计拓展到各项社会发展指标,逐步建立了性别统计指标体系,涵盖了卫生、教育、就业、参政、治安、司法、科技、文化、环境、社会福利等领域。

五、倡导科研领先,破解发展瓶颈

为研究妇女发展规划重点难点目标的针对性措施,市妇儿工委通过课题形式向社会招标或定向委托,借助政府部门、高校及科研单位等力量进行科研攻关和实证研究,通过成果转化促进实施妇女发展规划。通过男女平等基本国策和社会性别平等培训课程库建设研究,为深入广泛和持续开展社会性别宣传、教育和培

训奠定了基础。

上海市妇女发展规划的实施取得显著成效，妇女地位明显改善。妇女参政比例提高，市党代会女代表比例为 37.6%，市级党委和政府工作部门领导班子女干部配备率分别为 41.2% 和 64.4%，局、处级后备女干部比例分别达到 23.2% 和 42.1%，居（村）委会女主任比例分别达到 55.6% 和 21.5%。妇幼卫生体系建设不断完善，2013 年底上海女性平均预期寿命达到 84.8 岁，全市孕产妇死亡率（含非沪籍）下降至 7.1/10 万，这些指标均达到发达国家平均水平。教育环境不断优化，普通本专科在校女生已达 52.4%，在校硕士、博士研究生中女生比重分别达 49.4%、36.3%。

上海市将实施妇女发展规划作为管理妇女事务的主要抓手，从制度上保障了男女平等基本国策立体化、长效化贯彻落实，为上海市《妇女权益保障法》实施办法、上海市《女职工劳动保护特别规定》等法规的修改完善提供了依据，"分性别监测统计"写入了 2007 年修订的《上海市实施〈中华人民共和国妇女权益保障法〉办法》。

第五章

部署工作与男女平等

　　部署工作是治理国家管理社会的一个基本方法。在我国，男女平等基本国策在法律、政策、规划纲要中的贯彻落实，需要通过工作部署这一行政手段来实现。

　　部署工作的基本流程大致分为三个阶段：一是研究形成工作方案，将相关法律、政策和上级要求结合本地区工作实际和本部门职能，研究制定具体的、可操作的工作方案；二是实施落实工作方案，通过层层部署、落实和检查督导，使工作方案中提出的工作目标落到实处；三是考核评估工作绩效，并根据工作完成情况进行奖惩。在工作部署中贯彻落实男女平等基本国策，就是要推动男女平等基本国策在工作部署的各个领域、各个层面和各个环节得到具体落实。

一、在研究工作方案中贯彻男女平等基本国策

　　部署工作的第一阶段是研究和制定工作方案。这一阶段的工作主要包括：前期调研，了解相关工作现状和目标人群需求；开展

试点，探索解决问题的途径和方法；起草和发布工作方案。所有环节需要自始至终以性别平等视角分析问题、研究问题、解决问题。

1. 调查研究

调查研究是基础性工作，男女平等和妇女权益涉及政治、经济、社会、婚姻家庭等方方面面，是政府部门进行工作部署前期调研中需要重点关注的问题。在开展工作部署的前期调研中重视收集涉及男女平等发展议题的信息资料，客观分析男女两性发展差距及原因。比如，在开展文化下乡工作的调研中，需要了解农村留守妇女儿童的文化生活现状及需求；在开展关于修改村规民约的工作调研中，需要有针对性地了解村规民约中是否有体现男女平等基本国策的相关条款，是否存在性别歧视的内容。济南市开展的村规民约相关内容及执行情况的专项调查显示，现行村规民约中侵害农村妇女合法权益的主要问题集中表现在："农嫁非"妇女、离婚和丧偶

图 5-1　济南市妇联、市民政局调研村规民约中体现男女平等基本国策情况

妇女在土地承包经营权、宅基地使用权及土地征用补偿款方面，享受不到与其他村民同等待遇；双女户、多女户只能有一个已婚女儿及其配偶和孩子享受村集体经济组织成员待遇；与外村人结婚户口仍在本村的妇女，其承包地被村集体收回等。对这些问题的调查研究，为村规民约保障农村妇女合法权益提供了基础。

调研工作中要注重发挥妇联组织密切联系妇女群众的优势，深入一线、深入基层，通过问卷调查、召开座谈会、实地走访等形式，广泛听取妇女群众的意见，了解妇女群众的要求和期待。

实践事例

上海市总工会女职工部深入基层进行了为期一年的调查研究，了解到企业内、商务楼宇里和公共场所中母婴室普及率不高，哺乳期的职业女性为了延长母乳喂养时间，不得不"背奶"上下班，常常需要在公用厕所内挤奶，尴尬不便，还担心宝宝口粮的卫生状况，遭遇到"育儿困境"。同样，在车站、商场、地铁、医院等公共场所，妈妈们为了给孩子喂奶，四下寻找隐蔽的角落，避开众人的目光。在深入调研的基础上，为给怀孕期和哺乳期职业女性提供一个私密、卫生、舒适的休憩场所，2013年6月1日，上海市总工会面向整个上海工会系统和全社会，正式推出了"爱心妈咪小屋"橙丝带关爱项目，计划用3年时间建立1000家，帮助职业女性有尊严、体面地度过特定生理期。

资料来源：节选自全国总工会女职工部提供的案例。

2.试点探索

实践证明，试点先行是调整和完善工作方案的有效手段。通过试点，探索方法积累经验，准确定位对策措施，为整体推进工作奠定基础。

试点探索中要关注男女平等问题。比如，在村委会换届选举工作的调研中发现，村委会女委员比例偏低是阻碍农村妇女参与基层民主管理的突出问题。因此，在进行村委会换届选举的试点工作中，需要将提高村委会女委员比例作为重点关注的问题加以解决。

试点探索中要注重总结推进男女平等的经验。试点工作方案的设计、执行与评估可以请妇联组织和性别平等专家参与其中，使试点工作更好地体现性别平等。比如，近年来，许多地方在村委会换届选举试点工作中，总结出如"定位选举""专职专选"等提升村委会成员中女性比例的好经验好做法，为推动农村妇女参与基层民主管理提供了经验借鉴。

试点探索中注意加强男女平等经验的推广应用。将局部试点经验推广应用到更大区域更广领域，使促进性别平等和妇女发展之火形成燎原之势。

3.起草和确定工作方案

工作方案的起草需要从性别平等视角去分析问题和研究问题。起草工作尽可能吸纳妇联组织和性别平等专家参与，以便男女平等发展和妇女权益保障议题尽可能融合到工作方案中。

制定工作方案体现男女平等基本国策的具体要求，包括三个方面：一是提出男女平等的工作目标；二是明确相关配套措施；三是对违反男女平等原则的内容提出补救措施。

实践事例

2010 年,《中共海南省委办公厅关于做好 2010 年村党组织换届选举工作的通知》要求"村党的基层委员会、党总支部委员会、党支部委员会成员中,一般应有 1 名以上女党员";在《关于做好海南省第六届村民委员会选举工作的通知》中提出"提倡把更多女性村民特别是村妇代会主任提名为村民委员会成员候选人",明确要求"妇联等部门要积极参与,配合做好村民委员会选举工作";海南省四届人大常委会第十四次会议通过的《关于修改〈海南省村民委员会选举办法〉的决定》规定"村民委员会成员中,妇女应当至少有一个名额"。之后,省民政厅对《海南省村民委员会选举规程》进行重新修订,设定了第一次选举、另行选举和第三次选举中保障妇女当选村民委员会成员的特别程序,规定:第一次选举结果选出符合应选人数的当选成员中没有妇女成员的,得票最少的最后一名村委会委员被选人的当选资格取消,其空位由得票最多的妇女候选人直接替补,并确认其当选资格;当选的村民委员会成员中没有妇女的,则必须另行选举,必须保证一名妇女候选人当选村委会成员;第三次选举选出的当选成员中没有妇女成员的,无须村民选举委员会提请村民会议决定,保证有一名妇女当选村委会成员。

资料来源:节选自海南省妇联提供的案例。

在涉及男女平等和妇女权益内容的工作方案中要将妇联组织纳入工作执行机制，明确具体职责。例如，在村"两委"换届选举中，有些省和县的换届工作方案，就将妇联组织纳入换届工作领导小组，妇联工作人员参与换届工作督导组，还明确妇联组织配合做好村"两委"换届工作。再如，当前正在进行的土地承包经营权确权登记工作，安徽省凤阳县妇联被纳入县农村土地承包经营权确权工作领导小组，乡镇妇联和村妇代会主任都参与到相关工作中，发挥了积极作用。

二、在实施工作方案中贯彻男女平等基本国策

工作方案的实施过程包括具体部署、检查督导、最终落实等。在这些环节的紧密联系和环环相扣中，都要贯彻落实男女平等基本国策，确保工作方案提出的男女平等发展工作目标得以实现。

1. 周密部署

在工作方案的部署中，要明确男女平等的目标以及贯彻落实的工作措施和具体要求。

实践事例

在临沂市委、市政府下发的《2014年为妇女儿童办六件实事》中，将完成以维护妇女权益为重点的村规民约修订工作作为六件实事之一，要求严格修订程序，做

好内容把关，从源头上维护农村妇女合法权益。蒙阴县领导作了专门批示，要求各相关单位抓好任务落实。村"两委"换届期间，在有关会议和到乡镇、村（居）调研换届工作情况时，县领导也对修订村规民约工作提出了明确要求，在各村居换届完成后尽快开展修订工作。

资料来源：节选自山东省妇联提供的案例。

根据本部门本地区实际情况，因地制宜提出落实男女平等目标的具体措施和要求。以村委会换届选举为例，国家法律规定了村委会中应当有女性成员，有些省级的实施办法中具体化为应当有一名以上女性成员。有些地市和县政府在换届工作方案中，提出了村委会中女性成员和女性主任的具体数量或者比例，而且规定了村委会选举各环节的具体配套措施，如选举委员会中的女性比例、女委员空缺之后的补救措施等，使工作目标和措施更加具体化，便于操作。

实践事例

2014 年 7 月，全国妇联与农业部就农村土地承包经营权确权登记颁证过程中保障妇女权益问题进行交流座谈，形成共识，即土地承包经营权证书上写入妇女名字，各级妇联应作为土地承包经营权确权工作领导小组成员单位。同年 9 月，农业部办公厅和全国妇联办公厅分别将《农业部、全国妇联关于在农村土地承包经营权确权登记颁证过程中维护妇女土地权益的会谈纪要》印发给各省、自治区、直辖市，要求各地妇联和农业部门密切协作，共同努力推动将共识落到实处，确保农村妇女土地权益得到切实维护。

2. 具体落实

在工作的具体落实过程中，一方面要在宣传动员中发动妇女群众积极参与，另一方面要采取各种措施确保男女平等工作目标的实现。

宣传动员中发动妇女群众积极参与，让妇女群众了解工作的意义，明白国家法律政策的相关规定以及目标要求和程序，增强妇女群众的主动性和能动性。为了使宣传动员工作能够覆盖妇女群体，在方式方法和时间地点的安排上应当考虑她们的实际需求，运用喜闻乐见、通俗易懂的方式宣传动员，以取得较好效果。比

图 5-2　贵州省举办新型女农民培训班，女学员认真学习农业技术

如，贵州省农业部门开展女农民技术人员职称评定工作，组织有关人员深入各乡镇，利用赶集时间进行咨询、发放宣传资料，利用乡、村的宣传栏，将评定的对象、条件、要求通过板报的形式公开，提高了妇女群众的知晓率，增强女农民的参评意识。

工作落实的各个环节应确保实现男女平等的要求。比如，在村委会换届选举工作中，一些县出台的换届选举方案，对村委会中女委员比例既有明确目标要求，也有具体配套措施，更注重在落实工作各个环节扎实推进。在换届选举工作开始前，各乡镇对目标进行分解，对全县各村的妇女骨干情况具体摸底，重视对村干部进行宣传倡导，提高他们对妇女参与村民自治的认识水平，强化其自觉行为；换届选举工作开始后，保证选举委员会中的女性比例，动员鼓励妇女骨干参选，密切关注女候选人的提名，通过宣传让村民对女候选人有更全面深入的了解；开展积极的宣传动员工作，组织更多妇女参加选举；选举中如果没有女性当选，采取补选或其他补救措施，确保工作方案目标落实。

实践事例

为确保农村妇女土地承包经营权，全国妇联在辽宁省开展了在土地承包经营权确权登记工作中维护妇女土地权益的试点工作。辽宁省清原县草市镇是土地承包经营权确权工作试点地区之一。试点工作从 2012 年 11 月开始，2013 年 7 月结束。辽宁省各级妇联和农业部门共同参与了试点工作。

该试点镇出台的《清原县草市镇关于东大道村农村

土地承包经营权登记中妇女姓名登记的工作方案》规定，在本村土地二轮承包中获得家庭承包地的农村妇女，符合下列情况的，可以进行登记：一是与农村土地承包经营权证书原承包方代表人属于夫妻关系的；二是原承包方代表人已经死亡的，遗孀可以成为承包方代表人；三是承包方家庭成员中父母均已死亡，出嫁妇女可以与其兄（弟）并列成为承包方代表人之一。无兄（弟）的，可以登记为代表人。有97名妇女名字写入了承包方代表人栏，其中有2名嫁入本村的妇女在二轮土地承包时在本村没有土地，经过申请，两个家庭同意将她们的名字写在代表人栏内。

对于没有写入代表人一栏的妇女，按照方案的规定可写入共有人一栏，要求户口落在本村，并且本人有承包地，如果没有承包地，经家人同意，也可以写进共有人一栏。村里共有15名外嫁女写入了土地承包经营权证的共有人一栏。

为确保农村妇女的土地承包经营权，东大道村对农村土地承包经营权证进行修改创新，在原有的承包方代表人姓名只有一栏的基础上，增加了配偶姓名一栏，使更多妇女名字写入了承包方代表姓名栏内。

资料来源：节选自辽宁省妇联提供的案例。

3. 检查督导

检查督导是确保工作目标落实的重要环节。在检查督导工作

图 5-3　河南省登封市周山村通过修订村规民约改变"男娶女嫁"的婚姻习俗，举办轰动全村的"男到女家"婚礼

的流程、工作重点和工作方式中都要落实男女平等要求。

　　检查督导中首先要关注妇女的参与程度和男女平等受益的情况。比如，在就业检查督导中，需要关注男女是否在劳动力市场上获得了同等的就业机会，用人单位在招聘中是否存在直接或间接的性别歧视，性别歧视的投诉渠道是否畅通等。再如，在村规民约修订工作中，需要关注妇女群众对村规民约修订工作是否知情以及参与村规民约修订的情况，她们的意见和建议是否体现在修订后的村规民约中，修订后的村规民约是否还存在男女不平等或者性别歧视的内容等。

实践事例

　　济南市妇联在对村规民约修订工作的检查督导中，实行每周一调度、半月一统计的督导方式，及时了解村规民约修订工作存在的问题和困难，细化措施、跟进落实。修订工作结束后，市妇联和市民政局联合组成督导检查组，深入 10 县（市、区），进镇入村，通过听取汇报、查阅档案资料、召开座谈会和现场查看等形式，对全市村规民约修订工作进行了一次全面的检查督导，有力推动了村规民约修订工作中全面贯彻落实男女平等基本国策。

资料来源：节选自山东省妇联提供的案例。

三、工作考评中贯彻男女平等基本国策

考核评估是具体了解工作进展情况，包括成效、问题和建议的重要手段，是对部门工作进行奖惩的依据。在考核评估方案中要坚持男女平等原则，考核指标中纳入性别指标。

1. 考核评估中关注妇女参与和受益情况

男女平等目标和措施的实施效果，关系妇女切身利益的实现程度。工作的考核评估中要高度关注男女平等，吸收妇女组织和性别平等专家参与。要采取多种形式倾听妇女群众的声音，了解妇女群众对这项工作是否知情，参与的情况如何；了解妇女是否从这项工作中受益；了解这项工作是否满足妇女群众的需求。对这些情况的了解，有助于分析工作方案中存在的问题与不足，以完善措施，推进工作。

2. 将男女平等目标作为工作考评的重要指标

将男女平等参与和受益情况作为考核评估指标，有利于推动男女平等工作目标的有效落实。要在工作考核评估中重视收集所有涉及目标人群参与和受益状况的分性别资料，认真分析工作落实中男女参与和受益情况，考核和评估工作方案中的男女平等目标落实成效。要将男女平等目标完成情况作为奖惩依据。工作考核评估结果确定后，针对不同的结果，要有不同的激励措施。《妇女权益保障法》规定对保障妇女合法权益成绩显著的组织和个人，各级人民政府和有关部门给予表彰和奖励，对男女平等目标实现比较好的单位和部门，应当给予表彰和奖励。对于在男女平等目标实现方面差距较大的单位和部门，应采取措施予以警示。

☆相关案例

案例 13　公安机关坚决反拐　维护妇女儿童权益

拐卖妇女儿童犯罪，对被拐卖妇女儿童身心健康造成巨大伤害，并由此引发一系列社会问题，严重影响社会和谐稳定。当前，在我国经济社会发展不平衡、社会管理机制有待完善的大背景下，反拐工作面临的形势仍然严峻。

党中央、国务院历来高度重视反拐工作，中央领导同志多次作出重要批示，要求严厉打击拐卖妇女儿童犯罪，切实保障妇女儿童权益。2008 年以来，国务院先后颁布实施了《中国反对拐卖妇女儿童行动计划（2008—2012 年）》《中国反对拐卖人口行动计划（2013—2020 年）》，明确提出要建立完善集预防、打击、救助和康复为一体的反拐工作长效机制，健全反拐工作协调保障机制，细化落实各项措施，依法坚决打击、有效遏制拐卖犯罪，确保被拐卖受害人及时得到救助康复和妥善安置。同时，建立了国务院分管领导担任召集人，以公安部为牵头单位，全国人大法工委、外交部、民政部、卫生部、最高法、最高检等 33 个中央部门、单位组成的国务院反对拐卖部际联席会议制度，从国家层面协调推动跨地区、跨部门、跨机构、跨国界的反拐工作。

根据中央指示精神，公安部部署全国公安机关不断深化反拐工作。2009 年至今，组织开展了全国"打拐"专项行动，并针对拐卖犯罪新形势、新特点，不断健全完善工作机制，加强各部门、各地区的协作配合，扎实开展侦查破案、抓捕人贩子、查找解救被拐卖妇女儿童、推进综合治理等工作。

一、通过国务院反对拐卖人口工作部际联席会议制度开展反拐综合治理

1. 制定完善反拐相关法律政策

公安部会同全国人大法工委、最高人民法院、最高人民检察院修改完善相关法律法规，将性剥削、劳动剥削、器官买卖都纳入犯罪范畴，加大打击力度。

2010 年 3 月，最高人民法院、最高人民检察院、公安部、司法部联合发布《关于依法惩治拐卖妇女儿童犯罪的意见》，对办理拐卖妇女儿童犯罪案件提出总体要求，强调人民法院、人民检察院、公安机关、司法行政机关应当从维护人民群众切身利益、确保社会和谐稳定的大局出发，进一步依法加大打击力度，坚决有效遏制拐卖妇女、儿童犯罪的上升势头。

2010 年 11 月，公安部、全国妇联联合下发《关于建立来历不明疑似被拐妇女儿童和被解救妇女儿童信息通报核查机制的通知》，要求各级妇联组织要充分发挥密切联系妇女群众的优势，依托建在 2000 多个县妇联的 12338 维权热线，建在街道、乡镇的妇女维权站（点）及建在村和社区的妇女之家，及时将涉及拐卖妇女儿童的举报、投诉和来历不明、疑似被拐妇女儿童的有关信息通报同级公安机关或拨打 110 报警。各级公安机关接到妇联组织通报的信息后，要立即部署核查，从中发现拐卖犯罪线索，及时立案侦查，抓获拐卖犯罪分子，解救被拐卖妇女儿童。各级公安机关要将解救的被拐卖妇女儿童信息及时通报同级妇联组织，并

与妇联组织加强协作配合，共同采取措施加强对被拐卖妇女儿童的救助、康复工作。

2011 年 1 月，公安部与最高人民法院、最高人民检察院联合下发《关于限令收买被拐卖的妇女儿童的人员投案自首的通告》，有利于公安机关发现一批拐卖积案，查找解救一批被拐妇女儿童，对犯罪分子起到震慑作用。2015 年 8 月 29 日，全国人大常委会通过《刑法修正案（九）》，将《刑法》第二百四十一条第六款修改为："收买被拐卖的妇女、儿童，对被买儿童没有虐待行为，不阻碍对其进行解救的，可以从轻处罚；按照被买妇女的意愿，不阻碍其返回原居住地的，可以从轻或者减轻处罚。"为贯彻落实好《刑法修正案（九）》，公安部会同最高人民法院、最高人民检察院、司法部正在研究出台关于打击整治买方市场等拐卖突出问题的司法解释，对深化反拐打拐工作作出进一步明确规定。

2.形成完善的反拐长效机制

中央社会管理综合治理委员会办公室把反拐工作作为社会治安综合治理考核评价的重要内容，督促、指导各地综治组织严格落实综治领导责任制，引导各地完善以政府投入为主、多渠道筹措资金的反拐经费保障机制，加强反拐工作机构和队伍建设。宣传、民政和妇联等部门以关爱妇女儿童、反对拐卖为主题，广泛深入开展宣传教育活动，营造全社会共同反拐的氛围。发改委、扶贫办等部门大力推动贫困地区社会经济发展，加强农村留守和城市流入妇女儿童保护。教育部门开展义务教育和职业培训，帮助妇女儿童就学就业。人力资源和社会保障部门加强中介机构、用工单位监管，严厉打击、依法查处拐卖妇女儿童犯罪和非法用工、使用童工行为。妇联、卫生计生等部门还与公安机关建立拐卖犯罪信息通报核查机制，及时通报情报线索，打击拐卖犯罪。民政部门对公安机关解救的被拐卖妇女儿童妥善安置，卫生计生部门为拐卖受害人提供基本的医疗服务，司法机关依法为拐卖受害人提供必要的法律援助。

3.举办反拐培训班，强化反拐意识提升反拐水平

2009 年 8 月，国务院反拐部际联席会议办公室在黄山举办了第一次成员单位反拐培训班，介绍拐卖犯罪形势和全国"打拐"专项行动进展情况，集中学习反拐法律法规，总结落实国家反拐行动计划情况，并针对反拐防拐宣传教育的开展方式、消除拐卖犯罪的社会深层次诱因、做好被拐妇女儿童救助安置、打击跨国拐卖犯罪、完善法律法规等问题进行了深入讨论，达成了共识。

2014 年 8 月，国务院反拐部际联席会议办公室、公安部刑事侦查局在大连举办全国反拐培训班，通过典型案例剖析、打拐经

图 5-4　国务院反拐部际联席会议办公室、公安部"打拐"专项行动办公室举办全国打拐反拐工作培训班

验交流、专家授课、志愿者座谈等形式，总结交流各地反拐工作措施成效，研讨落实国家反拐行动计划。

2015 年 1 月，国务院反拐部际联席会议在西昌举办反拐工作培训班，总结全国各省（区、市）、各部门贯彻落实《中国反对拐卖人口行动计划（2013—2020 年）》工作经验，交流了反拐打拐工作措施成效，分析研究当前拐卖犯罪形势和工作中存在的问题，研讨继续深化反拐打拐工作的新举措，提升反拐工作能力。为落实反拐行动计划，增强地方政府领导的反拐意识，国务院妇儿工委办公室先后举办了 7 期反拐培训班，对数百名县级妇儿工委主任进行培训。

二、深入开展"打拐"专项行动

一是实行拐卖儿童案件"一长三包"责任制。公安部在 2011 年 4 月召开的全国深化"打拐"专项行动电视电话会议上明确提出，今后凡是发生的拐卖儿童案件，公安机关将实行"一长三包制"。"一长三包制"是指各地在接到儿童失踪被拐报警时，要由县级公安机关主要领导或主管领导担任专案组长，并对案件侦办、查找解救被拐卖人员、安抚被害人家庭等三项工作全程负责到底。按照"一长三包制"的要求，案件没有侦破，嫌疑人没有到案，被拐卖儿童没有找回，专案工作就不能放松，专案组也不能撤销。公安部还从各地历年累积的拐卖儿童案件中，梳理出影响重大、群众反映强烈的，列为公安部重点督办案件，分批下发各地，按照"一长三包"的要求，逐案成立专案组，强化破案攻坚工作。

二是建立儿童失踪快速查找机制。拐卖案件特点是大区域、跨范围作案，如果不在最短时间内把犯罪分子抓到，把被害人转移出来，受害人很快会被转移到外省，加大查找解救难度。针对这一情况，公安部从 2011 年 6 月 1 日部署全国公安机关建立儿童失踪快速查找机制，要求县、市公安部门接到儿童失踪警情后，要打破警种界限和常规做法，充分调动警务资源，立即启动快速查找失踪儿童。快速查找机制的核心是快速反应，做到"四个快"：指挥中心接到报警后，下达处警指令要快；治安、派出所、巡警、交警等街面执勤力量出警动作要快；路口路面的查控堵截措施落实要快；刑侦部门立案开展侦查要快。

三是建立全国打拐 DNA 信息库。为解决儿童被拐多年后体貌特征发生变化，身源识别确认难的问题，公安部于 2009 年建立了全国打拐 DNA 信息库，采集失踪被拐儿童亲生父母的血样检测入库，同时采集来历不明、疑似被拐儿童血样检测入库，信息库能够自动比对是否符合亲缘关系，相关费用均由公安机关承担。公安部还部署全国公安机关开展来历不明儿童集中摸排行动，要求各地组织民警对本辖区实有人口中来历不明人员进行一次全面摸排，对疑似被拐卖人口采集生物检材，经刑事技术部门检验后，录入全国打拐 DNA 信息库比对，查找其亲生父母。截至 2015 年 8 月，已成功为 3800 余个家庭找回多年前被拐儿童。

三、大力开展反拐宣传活动

公安部部署各地全面落实《中国反对拐卖人口行动计划（2013—2020 年）》的有关要求，深入开展反拐宣传工作，组织开展形式多样的反拐宣传活动。2015 年 6 月 1 日，国务院反拐部际联席会议办公室会同北京市人民检察院第四分院、北京西站地区管委会，在北京西站联合举办以"关爱儿童，反对拐卖"为主题的反拐宣传活动，公安、检察、铁路等各单位共向过往旅客发放宣传册 4000 余份、儿童反拐卡通画 3000 余册，接受现场咨询 300 余人次。

公安机关还借助新兴媒体大力开展打拐宣传工作。比如，以公安部打拐办主任陈士渠实名开办打拐微博 @ 陈士渠，借助新媒体听取群众呼声，广泛搜集拐卖犯罪线索，及时打击拐卖犯罪、解救被拐妇女儿童，有效回应群众诉求，扩大了打拐工作辐射面和影响力，争取了舆论主动权。目前，@ 陈士渠微博粉丝数已突破 920 万。公安部还加强与主流媒体的合作，采取网上与网下、平面与视频等多种形式，立体推进打拐宣传工作。

四、加强反拐国际交流与合作

我国 2010 年 2 月加入了《联合国打击跨国有组织犯罪公约关于预防、禁止和惩治贩运人口特别是妇女和儿童行为的补充议定书》，与越南、缅甸、泰国等五国政府共同发起了湄公河次区域反拐进程（COMMIT），建立了高官年度会晤机制，先后与缅甸、越南、老挝签订了合作打拐协议书（谅解备忘录），在边境地区建立了 8 个边境联络官办公室，通过双边、多边和国际刑警组织等渠道与相关国家警方共同打击跨国拐卖犯罪，成效显著。大力推进湄公河次区域合作反拐进程，严厉打击涉及周边国家的拐卖犯罪活动；与国外警方联手侦办跨国拐卖案件，部署各地公安机关主动摸排发现线索，摸清犯罪团伙后集中开展抓捕解救行动，彻底摧毁了一批拐卖犯罪团伙。

2012 年、2013 年，公安部刑侦局数次派员远赴安哥拉，与当地警方联合侦办打击对在安哥拉中国公民实施绑架、抢劫、敲诈勒索、拐骗妇女强迫卖淫等犯罪团伙，抓获中国籍犯罪嫌疑人 38 名并押解回国，有力地维护了我国公民在海外的合法权益，受到社会各界的一致好评。

自 2009 年以来，全国公安机关在有关部门密切配合和人民群众大力支持下，扎实开展侦查破案、抓捕人贩子、查找解救被拐卖妇女儿童、推进综合治理等工作，取得了显著成效。截至 2014 年 11 月，全国公安机关共侦破拐卖妇女案件 11.7 万起、拐卖儿童案件 3.8 万起，解救被拐妇女 19.3 万人、儿童 14.1 万人，抓获犯罪嫌疑人 17.4 万人，打掉犯罪团伙 3.9 万个。其中，2013 年全国共侦破拐卖妇女案件 5126 起、拐卖儿童案件 2765 起。

案例 14 农村孕产妇住院分娩补助工作的部署与落实

孕产妇死亡率和婴儿死亡率是衡量一个国家经济社会发展水平的重要指标，是联合国千年发展目标的重点目标。我国虽在促进母婴健康方面已取得了令人瞩目的成就，但整体水平仍与发达国家存在明显差距，且农村地区的孕产妇死亡率和婴儿死亡率显著高于城市。提高农村孕产妇住院分娩率是改善农村孕产妇保健状况、保障广大农村孕产妇和新生儿生命安全的有效措施，对于提高农村人口的健康水平具有重要意义。

为进一步提高农村地区孕产妇住院分娩率，实现我国政府承诺的联合国千年发展目标，2008 年，十一届全国人大一次会议政府工作报告中提出，"在中西部地区农村实施住院分娩补助政策"。2009 年，中央将农村孕产妇住院分娩补助作为重大公共卫生服务项目，列入深化医药卫生体制改革的重点任务。

一、制定农村孕产妇住院分娩补助工作方案

2009 年 1 月 20 日，卫生部和财政部联合向各省（区、市）卫生厅局、财政厅局下发了《关于印发〈关于进一步加强农村孕产妇住院分娩工作的指导意见〉的通知》（卫妇社发〔2009〕12 号），作出整体工作部署，明确工作目标、部门职责和经费保障等。

一是提出农村孕产妇住院分娩率的总体目标和年度目标。到2015 年，东、中、西部地区各省（区、市）农村孕产妇住院分娩率分别达到95%、85% 和 80% 以上；农村高危孕产妇住院分娩

率达到 95% 以上；实现我国政府承诺的联合国千年发展目标。到
2020 年，东、中、西部各省（区、市）农村孕产妇住院分娩率分
别达到 98%、95% 和 90% 以上；农村高危孕产妇住院分娩率达到
98% 以上；孕产妇死亡率和婴儿死亡率达到中等发达国家水平。同
时，该指导意见还提出了具体的年度目标，即各省（区、市）以
上一年度住院分娩率为基础，逐年增长，应达到以下目标：住院分
娩率小于 80% 的省（区、市），在原基础上年增长 5%—10%；住
院分娩率为 80%—90% 的省（区、市），在原基础上年增长 4% 以
上；住院分娩率为 90%—95% 的省（区、市），在原基础上年增长 2%
以上；已达到 95% 以上的省（区、市），在原基础上稳步增长。

二是明确各级相关政府部门的职责及经费保障。卫生部负责
研究制定技术规范、考核标准，财政部负责制定资金管理办法等
配套政策。各地卫生、财政等相关部门负责制定具体实施办法并
组织实施。中央财政对困难地区农村孕产妇住院分娩给予补助。地
方财政也应承担相应的支出责任，并统筹使用各级财政补助资金。

二、推动农村孕产妇住院分娩补助工作的落实

为实现指导意见中提出的农村孕产妇住院分娩率的工作目标，
2009 年，卫生部、财政部决定继续实施农村孕产妇住院分娩补助
项目，并将补助范围扩展到全国。

1. 各级卫生部门制定项目管理和实施方案，层层部署

一是层层制定实施方案。为做好农村孕产妇住院分娩补助项
目实施工作，卫生部制定了《农村孕产妇住院分娩补助项目管理
方案》，对项目的组织实施、资金管理、监督评估等作出规定。对
于项目的组织机构和各级相关部门的工作职责，方案要求："各省

（区、市）卫生、财政部门负责制订本地农村孕产妇住院分娩补助实施方案和资金管理办法，确定本地区的服务项目和限价标准；负责本地区补助资金的分配及监督检查。""各项目县卫生、财政部门负责项目的实施与监督及补助资金的管理和使用，确定农村孕产妇住院分娩定点医疗卫生机构，并向社会公示。做好农村孕产妇住院分娩的基础信息统计、分析和管理工作。"卫生部的项目管理方案下发之后，各省、市、县也分别制定了本地的项目实施方案，就项目执行中的各项事宜作出具体规定。

二是层层成立项目领导和实施机构。比如，湖南省规定各市州、县市区政府分管领导为农村孕产妇住院分娩补助工作第一责任人。四川省、市、县均成立由政府主管领导任组长，卫生、财政及相关部门负责人组成的项目领导小组，并在卫生行政部门设办公室统筹协调项目工作，由专人负责项目的日常管理；各级医疗保健机构由主要领导牵头负总责，落实项目管理科室和人员，具体实施项目。河北省丰宁县于项目实施之初即成立了以主管卫生工作的副县长为组长，卫生、财政、妇联等相关职能部门负责人为成员的项目领导小组，负责项目的组织、领导和协调工作，同时成立了由县卫生局牵头、县直各医疗单位妇产科专家组成的技术指导小组，负责对全县项目的技术指导、监督考核。

2.统筹资源，降低农村孕产妇经济负担

在各地核定成本、明确限价标准的基础上，各级财政按照人均 500 元的标准对农村孕产妇住院分娩进行补助，其中中央财政对各地区按照不同比例予以补助，其余部分由地方财政予以配套。2009—2014 年中央财政共投入 169 亿元用于该项目。各省（区、市）均明确规定财政补助以外费用可根据当地新农合规定给予补偿。

图 5-5　陕西省咸阳市渭城区实施农村孕产妇住院分娩补助项目

各地充分利用各级财政项目资金，将农村住院分娩补助政策与新农合政策有机结合，如部分地区在孕产妇出院结账时即时结算，直接减免费用，方便了群众。北京、内蒙古、上海和陕西等地将孕产妇补助人均标准提高到600—800元，陕西、宁夏和西藏等地实现了农村孕产妇在乡镇和定点县级医疗保健机构免费住院分娩，并对危重孕产妇给予适当救助。西藏、云南等地对住院分娩产妇及陪护者给予交通、食宿等生活补助，进一步减轻了群众经济负担，提高了住院分娩率。

3. 多措并举，强化产科质量管理

一是加强定点医疗机构产科培训和监管，规范项目服务内容和流程，严格控制住院分娩费用。河北等17个省（区、市）要求医疗保健机构限价分娩，其中15个省（区、市）在全省范围内统一了限价标准。陕西、宁夏等地按不同级别医疗机构制定服务包，并对阴道分娩和剖宫产等不同类别进行打包支付。其中陕西省严格控制产科服务质量，规范医疗机构助产服务，核审助产服务包执行状况，减少孕产妇不合理费用等措施，既保障了广大群众享受到免费的、有质量的基本服务，又使医疗服务总费用控制在一个合理的范围。

二是通过强化产科质量和管理，有效控制剖宫产率。陕西、河南、湖南、陕西、甘肃和重庆等6省市将农村孕产妇住院分娩补助项目与控制剖宫产率有机结合，明确提出"严格控制剖宫产，努力降低剖宫产率"的目标。陕西省按照30%的剖宫产率人均1500元补助，其余的70%按自然分娩人均补500元，测算出所有产妇按照人均800元补助，剖宫产率过高超出的费用由各县（区）自行承担。三年来，全省农村孕产妇剖宫产率由2008年的32%降至2010年的26%，其中宝鸡市眉县剖宫产率由51%降至17.3%。

三是抓住重点问题，提高基层产科服务能力。为保障项目实施效果，各地针对重点地区、重点环节提高基层产科服务能力。四川省组织省内11个市与孕产妇住院分娩率低于50%的31个县开展区域对口协作，青海省对全省358所乡镇卫生院的产科业务用房和设备设施进行改造，陕西省开展了妇幼卫生专业岗位的大练兵大比武活动。这些措施对提高基层产科服务能力起到了积极推动作用。

三、注重对项目实施情况的督导检查

为了保证项目实施效果，农村孕产妇住院分娩补助项目从上到下都非常注重对项目工作的监督检查。卫生部的项目方案中对于督导评估工作作出明确规定，要求制订督导评估方案，定期组

织检查，对项目的管理、资金运转、实施情况、质量控制及效果进行督导和评估；规定项目实行逐级监督指导与评估，国家级督导评估原则上每年进行一次，省级督导评估每年至少进行 1 次，覆盖三分之一的项目县（市）；市级督导评估每年至少进行 2 次，覆盖所有项目县。

各地在项目执行中对督导检查工作也非常重视。四川省各级卫生、财政、民政部门加强对项目的协调监督，各级妇幼保健院定期或不定期对项目实施情况进行督导。省妇幼保健院通过常规综合质控和基层业务指导形式，从 2009 年到 2013 年的 4 年间，累计组织督导 1100 余人次，有力推动项目顺利实施。河北省丰宁县自项目实施以来，省驻县专家、市卫生局领导先后几次督导检查；县项目领导小组坚持定期或不定期对各乡镇进行督导检查；县技术指导小组分片包乡对全县 26 个乡镇每年进行 4 轮技术指导，深入乡、村、户，发现问题及时解决，及时提出整改措施，使乡镇卫生院产科建设及孕产妇系统管理、儿童系统管理整体上有了很大提高。

农村孕产妇住院分娩补助项目的实施使广大农村孕产妇平等享有安全、有效、规范、便捷的分娩服务，取得了明显成效。项目受益人群不断扩大，补助力度不断增加，管理模式和监督工作逐步得到完善和规范，对于减轻农村妇女住院分娩的经济负担，积极引导农村孕产妇住院分娩，降低农村孕产妇死亡率和新生儿死亡率发挥了重要作用。

截至 2014 年 7 月，全国累计补助农村孕产妇 5240 万人，住院分娩率从 2008 年项目实施前的 94.5% 提高到 2014 年的 99.6%，其中农村住院分娩率从 92.3% 提高到 99.2%。31 个省（区、市）均完成了提高住院分娩率的目标。2013 年妇幼卫生年报显示，2008 年住院分娩率低于 80% 的贵州省和西藏自治区农村住院分娩率平均增幅达 68.5%，住院分娩率为 80%—90% 的云南、甘肃、四川、重庆和青海等省市平均增幅达 19.6%。

2014 年，全国孕产妇死亡率为 21.7/10 万，婴儿死亡率为 8.9‰，提前实现了联合国千年发展目标。同时，主要健康指标在城乡、地区间差异进一步缩小。2009—2014 年孕产妇死亡率和婴儿死亡率下降幅度显示，农村大于城市，西部大于中部和东部。2008 年农村孕产妇死亡率是城市的 1.24 倍，2014 年为 1.08 倍，城市和农村地区孕产妇死亡率已基本接近。

案例 15 修订村规民约 落实男女平等基本国策
——黑龙江省的做法

村规民约在维护农村社会秩序、公共道德、村风民俗、精神文明建设等方面发挥着重要作用。但由于多种因素影响，一些地方的村规民约中出现了违反男女平等原则甚至侵犯妇女权益的条款和内容，导致保障妇女权益的相关法律政策在部分农村得不到落实，以村规民约为由侵犯妇女权益的现象时有发生。

为从源头上、从最基层有效维护妇女权益，抓住新一轮村级组织换届的有利契机，2011 年，黑龙江省妇联与省民政厅联合开展了以保障妇女权益为重点的村规民约修订工作，全省 8943 个村启动并完成了村规民约修订，占全省总村数的 98.8%，成为落实男女平等基本国策的成功实践。

一、做好"四项基础工作"，保证村规民约修订顺利开展

一是调查研究。为提高村规民约修订工作的科学性和实效性，黑龙江省妇联联合省政协于 2010 年在全省开展了村规民约及维护妇女权益情况调研，发现村规民约存在三个主要问题。第一是部分村规民约制定的程序不合法，村民和农村妇女真实意愿表达不足。调查显示，4.7% 的村民回答本村的村规民约是"村委会制定的"，11.3% 的村民回答本村的村规民约是"部分村民代表参与制定的"。第二是一些地方村规民约存在违反法律法规、侵犯农村妇女权益的情况。如申请建房使用土地的申请者，必须是户主或者

年满 20 周岁的男性青年，每户只能有一块建房使用权土地。第三是对村规民约的重要性认识不够，执行监督力度不足。一些地方的领导和干部还没有充分认识到村规民约对新农村建设的巨大推动作用，加之一些农村基层干部法律意识不强，性别平等理念缺失，对村规民约指导不力、疏于监管，致使有些地方的村规民约流于形式，缺乏可操作性，执行困难，甚至因侵犯村民和妇女权益引起纠纷。

二是先行试点。为有效开展村规民约修订工作，从 2010 年起，在牡丹江宁安市进行试点。经过一年多实践探索，取得成功经验，其"两议、两公开、两确保、八步工作法"（村"两委"提议、村民大会决议；过程公开、结果公开；确保三分之二以上农户的代表参与修订大会、确保到会的女性代表人数达到 35% 以上；宣传发动、组织班子、草拟初稿、讨论修改、审核把关、表决通过、乡镇备案、公布实施八个步骤）成为全省村规民约修订的规范模式。

三是出台文件。在调研和试点工作基础上，省妇联与省民政厅联合下发了《关于在全省开展以维护妇女权益为重点的村规民约修订工作的通知》，明确强调要重点修订完善男女平等、婚丧嫁娶、婚嫁落户、宅基地分配、土地承包权、拆迁补偿、村集体经济收益分配、继承权等涉及妇女权益的条款，对与男女平等精神不符的规定，带有性别歧视性的条款予以清除，对缺失的内容进行补充。

四是全面推进。省妇联把以维护妇女权益为重点的村规民约修订工作作为源头维权的切入点，摆上重要工作日程，主要领导亲自过问，分管领导率专家和民政部门、妇联工作人员对各市（地）逐一进行动员部署和专题培训，重点推进。各市（地）、县

（市、区）全部出台了文件，成立组织机构，召开专题会议，各乡镇、村也成立了工作小组，全省形成了五级联动的工作态势。

二、坚持"四个确保到位"，保证村规民约修订有效开展

一是确保宣传发动到位。把宣传发动作为村规民约修订的重要基础，通过在主流媒体开设专题专栏、印发宣传单、悬挂标语等，广泛宣传，扩大影响，营造氛围；通过张贴《告全体村民书》、走村入户讲解、编演文艺节目等生动形式，打动民心，激发共鸣，调动村民参与村规民约修订的热情，为修订工作奠定了良好的思想基础。

二是确保教育培训到位。把教育培训作为村规民约修订的重要环节，省妇联、省民政厅在全省 13 个市（地）分别召开推进会，邀请专家进行专题讲座，直接培训市、县、乡三级党政领导，妇联、民政等相关部门干部，村党支部书记，村委会主任，妇代会主任等 2060 人，并将专家讲座录制成光盘，作为层层培训的教材。据不完全统计，全省培训骨干 130 余万人，其中妇女占 35.2%。

三是确保服务指导到位。把服务指导作为村规民约修订的重要措施，编印《村规民约修订指导手册》1 万份，做到每村 1 册；设立村规民约修订工作服务站，开通咨询服务热线，组成指导组，帮助解决困难和问题；通过简报、网络、报纸等，刊发各级党政领导及相关部门负责人讲话要点，推广有特色、有实效的经验和做法，有效推动了村规民约的修订。

四是确保协调配合到位。把部门配合联动作为村规民约修订的重要保证，妇联组织充分发挥牵头作用，积极协调推动，民政部门把村规民约修订工作列为加强农村基层政权建设的重要内容，

组织部门把村规民约修订工作纳入基层党建责任制，司法部门对村规民约草案严格审查把关，形成了多部门合力推进的良好工作局面。

三、建立保障监督机制，指导推进村规民约落到实处

一是开展"回头看"工作。促进没有修订的村完成修订工作，已修订的村看是否按照"两议、两公开、两确保、八步工作法"规范模式操作，保障妇女权益重点条款是否修订到位。省妇联深入到哈尔滨市通河县、绥化市北林区、安达市进行了重点督导检查。通过"回头看"工作，督促203个村完成了村规民约修订，7592个村达到"回头看"要求标准。

图5-6　黑龙江省民政厅、妇联召开以维护妇女权益为重点的村规民约修订工作伊春推进会

二是建立监督落实机制。为使村规民约监督到位、执行到位，确定哈尔滨市南岗区、牡丹江宁安市、绥化市为试点，加大对建立村规民约监督落实机制的指导推进力度。绥化市结合本地特点，

制定了宣传、教育培训、组织领导、监测评估、监督检查、制度建设、执行、文化建设、典型选树、表彰等10项长效机制来推进监督落实机制的有效运行。宁安市建立了层层联动培训、日常行为监督、部门沟通调处、绩效考核评比等4项保障机制，有力促进了村规民约的落实和推进。海伦市建立村规民约的审查备案机制、监督机制、双向互督机制、妇女利益诉求机制，保障了妇女合法权益，在村民自治中有效落实了男女平等基本国策。

四、效果

一是有效推动了男女平等基本国策的落实。在村规民约修订工作中，牢牢把握保障妇女权益、贯彻落实男女平等基本国策的原则，使新旧村规民约呈现鲜明对比。旧村规民约中有40%没有任何维护妇女权益的内容，有的村规民约存在侵犯妇女权益的条款。新村规民约主要包括村庄事务管理、集体资源管理、落实计划生育、促进男女平等、倡导文明新风、搞好环境卫生、执行修订七大类内容，其中100%的村规民约作出了促进男女平等的规定，新增维护妇女权益条款29072条，清除性别歧视条款10026条。新增维护妇女土地权益条款包括：保护妇女土地权益4145条、宅基地申请权1604条、村集体经济收益分配1585条、促进妇女参政议政3530条、严禁家庭暴力3680条、夫妻在家庭中地位平等3666条、婚居自由2060条、落实计划生育2965条、其他维护妇女权益条款5837条。依据新修订的村规民约，哈尔滨市南岗区各村拿出机动地178亩，签订货币补偿协议89份，妥善解决了237户"姑爷户"和"姑奶户"的土地权属问题，促进了社会的和谐稳定。

二是有效提升了村民的法律素质和男女平等意识。村规民约修订的过程，同时也是宣传普及维护妇女权益相关法律法规的过程。与实施"六五"普法规划相结合，特别是启动了全省"村妇代会主任上讲台——普法宣讲行动"，有力提升了基层干部和村民的法律意识和男女平等意识。修订后的村规民约，有效化解了国家法与民间法之间的冲突，在农村社会，特别是现行条件下起到了弥补法律空白的作用。各相关部门、村级班子、妇代会合力维护妇女权益、促进男女平等，也使本省实施的维护妇女权益"筑网行动"在最基层得到了拓展和延伸。

三是有效提高了妇女的主体意识和民主参与水平。在村规民约制定过程中，注重充分发扬民主，让广大村民自觉自愿参与，在参与中统一思想，达成共识，不仅保证了新修订的村规民约顺利通过，而且也为村规民约的有效执行奠定了基础。据统计，全省开展村规民约修订的村，参与农户的代表数均超过三分之二以上，群众对新修订的村规民约均表示满意。同时，由于注重充分行使妇女的话语权，也提高了她们的民主参与意识和维护自身权益的能力，参与村规民约表决的妇女代表比例超过了35%。

案例 16　注重妇女的参与率和受益率
在"十个全覆盖"工程建设中增强妇女获得感
——内蒙古自治区乌兰察布市的做法

　　"十个全覆盖"工程是内蒙古自治区党委、政府着眼于加强农村牧区公共服务和基础设施建设、加快农牧民脱贫步伐、全面推进小康社会建设，大力实施的一项综合性民生工程。按照自治区党委、政府的要求，乌兰察布市委、市政府规划从 2014 年开始，用 3 年时间实现农村牧区危房改造、安全饮水、街巷硬化、村村通电、村村通广播电视通讯、校舍建设及安全改造、标准化卫生室、文化活动室、便民连锁超市、养老医疗低保等十项民生事业的全覆盖。在"十个全覆盖"工程建设中，乌兰察布市委、市政府积极贯彻落实男女平等基本国策，把妇女作为一支重要力量，注重妇女的参与率，充分发挥妇女在"十个全覆盖"工程建设中的作用；把妇女的受益率作为评估"十个全覆盖"工程建设的重要指标，通过提高妇女的受益率，增强妇女的幸福感和获得感，取得了很好效果。

　　一、在工程建设的部署中强调妇女百分百参与和百分百受益
　　在"十个全覆盖"工程建设的部署中，乌兰察布市积极将妇女参与和受益纳入工程建设规划，为充分发挥妇女在工程建设中的积极作用、充分保障妇女从工程建设中受益提供了保障。
　　通过调研认识到妇女参与对"十个全覆盖"工程建设的重要

作用。乌兰察布是一个典型的欠发达地区，农村牧区点多面广、基础差、欠账多，在三年内完成这项规模空前、投入空前、覆盖面空前的工程，难度非常大。"十个全覆盖"这一重大惠民工程能否落到实处成为各级党委政府面临的重要课题。市委领导在对兴和县鄂尔栋镇头号村委会十一号村的调研中发现，2014 年工程启动时，发动群众参与工程建设遇到了很大阻力，许多群众不配合工作。村支部组织全村妇女到"十个全覆盖"工程示范村参观后，妇女的态度发生转变，并带动全家支持和参与工程建设，仅用 3 个月时间，十一号村就旧貌换新颜，成了全市"十个全覆盖"示范村。

将妇女百分百参与和百分百受益纳入"十个全覆盖"工程建设部署。在全市"十个全覆盖"现场观摩会议上，市委领导对妇联和妇女参与"十个全覆盖"工程作了全面安排部署。2016 年乌兰察布市人大政协"两会"上，"十个全覆盖"工程妇女百分百参与、百分百受益写入《"十三五"规划纲要》和政府工作报告，妇女的参与率和受益率纳入"十个全覆盖"考核体系。乌兰察布市委在党的群团工作会议上要求，各级要充分发挥妇联和妇女干部的优势，确保每个工程实施村至少有一名妇联或妇女干部包联，还要求各旗县要抽调群众工作能力强的妇女干部进入"十个全覆盖"督导组、驻村督导服务。

二、在工程建设的实施中确保妇女百分百参与和百分百受益

为了提高"十个全覆盖"工程建设中妇女的参与率和受益率，确保妇女百分百参与和百分百受益，乌兰察布市主要做了如下三方面工作。

1.发动好"三类人"

一是发动好旗县妇联主席。将旗县妇联主席纳入"十个全覆盖"领导小组,要求妇联主席自觉成为"万名干部下基层"、驻村蹲点推进"十个全覆盖"的示范者、引领者,通过激发妇联主席的责任感和使命感,促进妇联妇女工作聚焦"十个全覆盖"。

二是发动好嘎查村妇代会主任。结合嘎查村"两委"换届,选优配强妇代会主任,发挥她们在妇女群众中威信高、影响大的优势,在妇女群众中宣讲"十个全覆盖"的重要意义,广泛动员妇女参与工程建设。

三是发动好妇女带头人。选树一批"巾帼建功"标兵、女致富能手等先进典型,以她们为榜样和标杆,带动妇女群众树立比学赶超、创先争优的进取意识,形成一户比一户、户户争先进的生动局面。

2.组织开展好"三项活动"

一是开展政策宣传。发挥妇女组织联系妇女、联系家庭的优势,结合妇联组织开展的"下基层、访妇情、办实事"活动,在广大妇女中做好思想发动、解疑释惑、理顺情绪的工作,提高妇女群众对"十个全覆盖"工程的认同感和支持度。

二是组织实地观摩。各级妇联积极组织妇女在旗县之间、乡镇之间、嘎查村之间广泛开展"十个全覆盖"工程学习观摩活动,通过互相观摩学习,达到解放思想、交流经验、相互提高的目的。

三是举办文化活动。各级妇联和妇代会结合弘扬传统文化,积极组织妇女群众结合"十个全覆盖"的生动实践,自编自演文艺节目、创作剪纸工艺作品等,艺术地再现"十个全覆盖"给农村牧区带来的巨大变化和给农牧民带来的巨大实惠,为实施"十个全覆盖"营造了良好的氛围。

3. 做好"三件事"

一是全面推行妇联和妇女干部"联包帮"农村牧区和农牧户，各级妇女组织参与率达到百分之百。市委、市政府结合开展"四级示范抓引领"，建立了市妇联领导联系旗县、县级妇联包乡镇、乡镇妇联包村、妇代会联组、驻村妇女干部联村帮户的"联包帮"工作机制，形成了各级妇联组织上下联动、同频共振、合力推进中心工作的领导体制和工作机制，1500多名妇联和妇女干部驻村入户，指导推动"十个全覆盖"。

二是发动妇女建设"美丽乡村"，使妇女参与率达到百分之百。各级妇联组织紧紧围绕推进"十个全覆盖"，开展了"建设美丽乡村·争做文明家庭"创建活动，以发动妇女、教育妇女、培训妇女为重点，引领妇女从自身做起、从家庭做起，美化家居环

图 5-7　内蒙古自治区乌兰察布市察右中旗妇联为大马库联村"十全美丽庭院示范户"授牌

境、建设美丽乡村，妇女群众参与率达到百分之百。卓资县复兴乡西大同营村妇代会主任樊新东说："刚开始村里姐妹都觉得'十个全覆盖'工程与我们女人没啥关系。市县乡三级妇联和村妇代会发动姐妹们主动承担维护自家房前屋后卫生，带领姐妹们互相检查评比，我们才真正参与到工程建设中。现在每家每户干干净净，整个村子也漂亮了，自个儿住着也舒心。"

三是引导妇女创业就业，使妇女受益率达到百分之百。市委、市政府把"十个全覆盖"作为最大的扶贫工程，要求在解决好农村牧区公共服务和基础设施建设的同时，毫不放松地抓好产业发展。凉城县、察右中旗、四子王旗等地，把"十个全覆盖"工程建设与发展农家乐、牧家游、庭院经济等项目结合，将有条件的农户庭院建成乡村旅游的景点、农民增收致富的平台；察右前旗、商都、丰镇、兴和等地，把"十个全覆盖"与发展温室大棚、冷凉蔬菜相结合，涌现出一大批蔬菜种植专业村；集宁、化德等地，把"十个全覆盖"与发展皮件加工、羊驼绒服装加工相结合，培育起一大批自主创业的小微企业。这些产业大多是妇女牵头，以妇女就业为主。

三、在工程建设的评估中把妇女百分百参与和百分百受益作为重要指标

为了确保"十个全覆盖"工程建设部署中妇女百分百参与和百分百受益的目标有效落实，乌兰察布市在工程建设的评估中，将妇女百分百参与和百分百受益作为重要评估指标。

一是建立目标管理考评制度，把妇女的参与率和受益率作为重要指标，对嘎查村进行排序，奖优罚劣。各旗县成立了由组织、宣传、卫生、共青团、妇联等相关部门组成的联合督查评估组，

对工程建设进行定期检查和评估。对发动妇女参与和妇女受益组织不力、成效不明显的乡村两级党组织书记进行问责和追责。

二是在评估工作中把妇女的参与率和受益率作为重点内容。在乡镇成立由党组织领导，妇联参与的村镇管理机构，在工程建设评估中发挥协调指导监督作用，通过定期组织召开专题会议，定期进村入户现场评估，及时发现妇女参与和受益方面的问题，并加以研究解决。

三是深入开展示范创建活动，将妇女参与率和受益率作为创建评比的重要指标。由市、县两级组织、宣传、卫生、共青团、妇联等部门联合乡镇开展"党员示范户""卫生示范户""星级文明户""美丽庭院示范户""优秀保洁员"等创建评比活动，要求每个嘎查村的示范创建率均要达到90%以上，对在开展评比活动中组织不力、成效不明显的嘎查村特别是党组织书记进行问责和追责。

"十个全覆盖"作为乌兰察布市最大的民生工程、民心工程、扶贫工程、强基固本工程取得显著成效，农村牧区发生了翻天覆地的变化。两年来全市累计投入58亿元，共完成1028个行政村、2950个自然村的"十个全覆盖"工程，惠及90多万农牧民，其中一半左右是妇女。农村牧区妇女对"十个全覆盖"工程的实施效果给予高度赞扬，有的妇女说，"现在我们村家家都住上了砖瓦房，有很多人家都装上了暖气，卫生又干净，这日子真是越来越红火了。""十个全覆盖"被农牧民亲切地称为"幸福全覆盖"。乌兰察布市在"十个全覆盖"工程建设中注重妇女参与和受益的做法得到了内蒙古自治区党委、政府的高度评价，成为全区的样板。

案例 17　在农村土地确权工作中维护妇女合法权益
——安徽凤阳的做法

土地承包经营权确权登记，是近年来农村土地制度改革的一项重要工作。2012 年 12 月 31 日，中共中央、国务院下发《关于加快发展现代农业进一步增强农村发展活力的若干意见》，提出将用 5 年时间开展农村土地确权登记颁证工作。2013 年以来，农村土地确权工作在全国陆续进行试点并逐步铺开。

妇女土地权益受侵犯是长期以来农村妇女维权中的突出问题。第三期中国妇女社会地位调查显示，2010 年没有土地的农村妇女占 21%，比 2000 年增加了 11.8 个百分点，其中，因婚姻变动而失去土地的占 27.7%，男性仅为 3.7%。2012 年，全国妇联系统受理农村妇女土地权益问题投诉 9970 件次，比上年增长 16.8%，其中绝大多数发生在土地征用补偿分配阶段。

土地承包经营权证书是土地征收（用）补偿、房屋拆迁安置的重要依据，是推动农村土地产权制度改革，增加农民财产性收益，实现农民住房转让、抵押、担保等行为的法律保障。以往工作中，土地承包经营权证书的发放是以家庭为单位，许多地方的证书中仅有户主代表一个人的名字，普遍存在妇女名字不能作为户主代表或共有人写入土地承包经营权证书的问题。如江苏试点调查显示，8% 的妇女两头无地，23% 的妇女登记在娘家却无法享受娘家土地。2010 年，在 17 个省份进行的"中国农民土地权利状况"调查表明，只有 17.1% 的合同和 38.2% 的证书登记了妇女的名字，多数情况下为单亲或丧偶女性作为承包方户主代表进行登记。而在户主代表一栏，仅有一个试点县的证书体现了夫妻双方的名字。

在当前土地确权工作中如何保障农村妇女的合法权益，成为亟待解决的问题。2012年人大政协"两会"上，全国妇联提出《关于切实维护农村妇女土地相关权益的提案》，建议农业部门在土地承包经营权证登记试点工作中，将夫妻双方均作为户主代表进行登记，在其他家庭共有人中赋予妇女在婆家或娘家登记的选择权或按承包时家庭成员登记，保障妇女土地承包权。2014年，中央一号文件再次明确要求切实保障农村妇女的土地承包权益。农业部和全国妇联要求各地积极探索在土地确权工作中保障妇女权益的好做法好经验。

凤阳县作为安徽省20个土地确权工作试点县之一，在2012年小岗村先行试点基础上，2014年3月在全县广泛开展农村土地承包经营权确权登记发证工作，在土地确权方案制定、确权工作部署和具体落实中都将保障妇女权益作为重要工作内容，推动土地确权登记工作和妇女权益保障工作同步进行，确保土地权证写有妇女名字。

一、在制定土地确权工作方案中体现男女平等原则

试点工作启动后，按照县政府部署，县妇联联合县民政、法院、土地确权工作领导小组办公室，共同研究如何保障妇女土地承包权，将形成的《妇女维权手册》下发到各乡镇、村，包括《有关妇女维权法律法规政策汇编》《县农村妇女土地确权政策答疑》《关于在农村土地承包经营权中做好妇女权益维护工作的实施方

案》以及凤阳县农村妇女土地确权做法与思路等六项内容，细化了婚嫁落户、村集体经济收益分配等条款，强调农村妇女无论是否婚嫁、丧偶，都应与男性村民享有同等权利，确保妇女维权与土地确权同步进行。在年底所有农户领到农村土地承包经营权证时，妇女和家庭所有成员一样名列其上，使妇女"证上有名、名下有权"。

县农村土地确权领导小组下发《关于增补各级妇联组织加入土地承包经营权确权登记颁证工作的通知》，建立了由县妇联牵头，民政、司法和县确权办参加的联席会议制度，研究落实相关政策措施。县妇联还召开乡镇妇联主席会议，要求各级妇联组织必须参与其中。

二、在土地确权工作方案实施中保障妇女权益

1.层层工作部署中强调保障妇女权益

为保障妇女土地权益，县委、县政府坚持做到"四个坚持""四个强调"。"四个坚持"，即坚持以法律政策为准绳；坚持以扩大民主为方向，集中全体村民的智慧和力量维护妇女权益；坚持以男女平等为基础，在决策管理、利益分配、共有人登记等方面，强化性别平等理念；坚持农村稳定为目标，调动妇女参与积极性，广泛召开座谈会。"四个强调"，即强调妇女与男子享有同等权利；夫妻在确权登记中地位平等；婚嫁自由，女性嫁入、男性入赘均与村民享有同等权利；保证妇女土地承包权益。

在工作部署中，要求乡镇政府借助乡镇维权站功能，做到"五个一"，即一间办公室，将乡镇妇联主席办公室作为妇女维权办公地点；一条热线，安装一部固定电话，提供咨询和服务；一本台账，

对每位妇女做到投诉有登记、反馈有解说、处理有结果、统计有分类、汇总有点评；一套制度，建立妇女维权站登记、转送、交办、统计、总结和归档等制度；一支队伍，组建一支有专业知识、有调处能力的纠纷调处队伍。

在村一级，要求严格按照"三议、两公开、三确保、五流程工作法"实施。"三议"即妇女议事、村"两委"提议、村民会议或村民代表会议决议；"两公开"即决议公开、结果公开；"三确保"即确保村"两委"中有1名以上女性成员，确保女性参加村民代表大会人数达三分之一以上等；"五流程"即方案修订、审核把关、表决通过、乡镇备案、公布实施。

2. 在宣传动员中发动妇女群众广泛参与

利用网络、板报、广播电视、宣传条幅、召开座谈会等形式广泛宣传，营造氛围。同时印发《致广大农民朋友的一封信》18万份，做到家家有一张明白纸、户户有一个明白人。在一个月准备期内，乡镇、村妇联主席（主任）全程参与培训，走村入户，向广大妇女宣传、解释土地确权有关政策，提高妇女参与确权和自我维权的意识。基层干部注意用群众听得懂的话宣传政策内容，比如，"啥叫确权，为啥要写你的名字？就是万一将来两口子过不下去了，你有资格拿走属于自己的东西。"

3. 在具体落实中保障妇女权益

一是采取有效措施。凤阳县建立了乡镇妇联与镇民政办公室、司法所和农经站工作协调机制，抓重点，解难点，针对不同妇女的特殊需求，主动介入，及时调处矛盾纠纷，以案释法，确保妇女权益得到维护。另外，为了保证复杂问题妥善解决，全县每个镇都设立仲裁庭，"先进行调解，实在解决不了，上仲裁庭，总之要以法律为准绳，确保妇女权益不受侵害。"

小岗村土地确权过程中，鼓励女性在婆家确权，个别出嫁女在婆家没有获得土地确权的，经过双方核实、协商调解，基本解决，确保"娘家婆家可以落在一头"。

二是修订村规民约细化保障妇女权益条款。利用全县223个行政村修订村规民约的契机，县妇联与县民政局密切协作，细化婚嫁落户、村集体经济收益分配等条款，强调农村妇女无论是否婚嫁、丧偶，都应与男性村民享有同等权利。

三是发挥基层妇联作用。刘府镇妇联主席、农经站站长回忆起在农村土地确权工作实施过程中的一个场景："上午，摸底结果在各村民小组一公示出来，下午就有几个妇女跑来问我，我也是土地共有人，为啥没我的名字？随后，经过核实，我们马上添加。"官沟社区后唐村民组的一名妇女，离婚后再嫁，再嫁的丈夫去世，丈夫的儿子不愿意给继母登记确权。镇妇联协同司法所、农经站，以法律政策为依据，多次上门调解，最终让儿子同意继母作为共有人出现在土地确权证上。

三、效果

一是妇女名字写入土地权证，保障了妇女土地权益。统计数据显示，截至2015年5月，该县223个村中，有219个村、3405个组、13.9万户开展了相关工作。其中妇女作为共有人名下有地的13.6万人，占农村妇女总数的95.7%，以女方姓名登记确权的6348人，占登记总数的4.1%。在此过程中，农村妇女的维权意识和参政议政意识也得到了一定提高。

二是"凤阳路径"在安徽全省推广。在2014年8月召开的全

图 5-8 安徽省凤阳县小岗村妇女拿到土地确权证露出开心的笑容

省扩大农村土地承包经营权确权登记颁证试点工作会议上，省委、省政府明确要求在全省范围内通过适当方式宣传"凤阳路径"；各试点县在土地确权工作中，贯彻落实好男女平等基本国策，总结宣传推广"凤阳路径"，加大政策保障力度，切实维护农村妇女土地承包权益。目前，安徽省农村土地承包经营权确权登记颁证试点工作已由20个县（区）扩展到全省所有县（市、区），安徽省妇联已经被增补为省农村土地承包经营权确权登记颁证工作专项领导小组成员单位。

三是凤阳经验得到全国妇联高度重视。全国人大常委会副委员长、全国妇联主席沈跃跃对《中国妇女报》刊登的《农村土地确权中女性权益维护的凤阳路径》作出重要批示，对凤阳经验予以充分肯定。全国妇联对于凤阳经验专门进行实地调研和总结，成为推动出台国家层面土地确权中维护妇女权益政策的基础。

案例 18 地方政府推进就业性别平等
——河北省新乐市促进平等就业委员会的经验

妇女公平就业是妇女参与经济发展、实现经济独立、提高社会地位的重要途径。在劳动力供大于求、就业形势严峻、结构性矛盾突出的情况下，特别是在对于女性就业缺乏有效政策保障和社会支持的条件下，各类用人单位在招聘录用过程中的性别歧视现象较为普遍，侵害了妇女的公平就业权益，阻碍了社会和谐与男女平等发展。

河北省新乐市政府为了创造男女公平就业的社会环境，推进社会管理体制、机制创新，根据《宪法》《就业促进法》等相关法律法规，成立了新乐市促进平等就业委员会（以下简称促平会），以解决就业性别歧视问题为突破口，保障劳动者的平等就业权利。

一、促平会成立中贯彻男女平等原则

新乐市政府把消除就业歧视作为关注民生、进行社会创新、践行科学发展观的重要举措，率先在全国建立反就业歧视的专门机构——促平会，通过政府规范性文件对促平会的机构设置、工作职责予以明确，凸显了反就业歧视的政府责任。

1.将市妇联作为成员单位

2012 年 9 月，新乐市成立了由市长担任促平会主任，市委常委、市政府常务副市长担任副主任，市政府办公室、市人社局、市就业局、市财政局、市司法局、市工商局、市工信局及各乡镇

政府、街道办事处负责人担任促平会成员的组织机构。为了消除就业性别歧视，促进妇女平等就业，促平会专门将市妇联作为成员单位，市妇联主席为促平会成员。促平会下设办公室作为日常办事机构，负责处理促进平等就业的综合事务、开展培训和监督工作（见图5-9）。

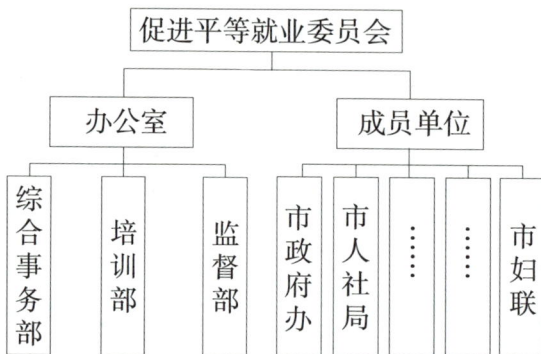

图5-9 河北省新乐市促平会组织机构图

2. 将消除就业性别歧视作为主要工作职责

促平会成立之初确立的工作职责，涵盖了包括就业性别歧视在内的各类就业歧视的预防、处理和救济。

一是开展调研。促平会针对全市的就业歧视现状、态势，开展调查研究，为制定消除就业歧视的政策措施提供参考。调研中特别关注侵害妇女平等就业权的性别歧视问题。

二是开展宣传培训。针对全市就业歧视问题，促平会制定反就业歧视培训方案，多层次、多渠道开展宣传培训和法律咨询服务，营造全社会尊重人权、消除就业歧视氛围，将消除就业性别歧视作为重点内容。

三是处理歧视个案。促平会通过受理、调查、调解等环节，处理就业歧视案件。对于通过上述途径仍然不能解决的就业性别歧视个案，通过提供法律帮助等方式提起诉讼，为受害者提供法律帮助。促平会还将职场性骚扰纳入个案受理范围，通过介入、干预和推动，有效预防和制止职场性骚扰。

3. 下发文件强调反就业性别歧视

2012 年 9 月 5 日，新乐市政府办公室下发新政办〔2012〕37 号文件，印发各乡镇人民政府、街道办事处、市政府各部门及各企业事业单位，要求各成员单位充分认识反就业歧视的重要性，坚持从实际出发，从扩大就业、促进公平就业出发，重点关注国有企业、中小型私营企业在招人用人中涉及的性别歧视情况。按照促平会牵头、全市统一领导、各方形成合力的原则，采取各种措施、发挥各自职责，推进落实就业目标责任制，解决好重大、典型歧视案件，积极创建促进妇女平等就业的机制和环境。

二、在推进公平就业中关注性别公平

新乐市促平会作为我国首个致力于消除就业歧视的专门机构，通过调查、调解、法律帮助等方式，为包括妇女在内的全体劳动者维护自身劳动权益提供了全新的救济途径。

1. 开展调查研究

2013 年 2 月，促平会对市就业局举办的招聘会进行调查，发现在招聘会现场发放招聘传单的 51 家企业中，有 14 家企业的招聘传单对用工要求涉及性别歧视。2013 年 9 月，促平会和北京源众性别发展中心联合开展了新乐市就业歧视问卷调查，发现近七成的被访者遭遇过不同类型的就业歧视，其中遭遇"只招聘男性不招聘女性"或"男性优先"的女性占 18.36%；签有禁止或限制结婚、生育合同或约定的女性占 7.78%，有 14.63% 的女性或同事因为怀孕、生产以及哺乳而被单位解除劳动合同；有 23.38% 女性认为所在单位存在男女同工不同酬现象，有 26.30% 的女性认为所在单位管理岗位或高工资岗位的女职工偏少（女性比例在 30% 以下）。调查为制定消除就业性别歧视政策和措施提供了重要的数据支持。

2. 开展宣传培训

促平会成立以来，河北省妇联、源众性别发展中心和耶鲁大学中国法律中心等机构的法学专家、社会学者对促平会成员及用工单位进行了多次培训。2013 年春节期间，促平会利用庙会和人才招聘大集，在新乐市城乡街头发放 500 余份印有消除性别歧视的宣传海报。在 2013 年毕业季，促平会再次开展了培训活动。促平会通过别开生面、现场互动的平等就业培训班，提高培训者对就业性别歧视的识别率及处理投诉和纠纷的能力。

截至 2013 年 6 月，新乐市反就业歧视培训已覆盖与就业相关的各局各乡镇负责人以及主要用工单位负责人。促平会办公室主任、市就业服务局局长表示，"大家原先在就业歧视的认识上很肤浅，对非常明显的歧视能识别，但是对于更多间接的就业歧视不能识别，如何办也不清楚。经过这样的培训，提高了大家的认识。目前培训的范围还很窄，下一步要扩展到私企，扩展到雇工（劳动力）层面。"

此外，促平会还充分利用大众传媒，宣传反就业性别歧视的法律法规、工作经验与具体措施。市人力资源和社会保障局网站专门增设促进平等就业委员会网页，对"调查称 7 成女性曾遭遇职场性别歧视""女性求职歧视，生育负担是首因""遭遇性别歧

图 5-10　河北省新乐市促进平等就业委员会工作人员在发放宣传材料

视，女大学生就业难"等热点问题进行宣传报道，并在该网页公布反对就业性别歧视服务热线和投诉流程，为营造公平的就业环境开创了新局面。

3. 发出招聘建议书

2013 年人力资源招聘会前，促平会审查了招聘会进场招工企业的招工材料，发现有三个用人单位存在不同程度的性别歧视现象。促平会向三家单位发出了招聘建议书，表明促平会职责、促进优化就业环境的工作目标；要求招聘单位在建议函发出 15 日内作出回复，并向促平会解释对所招用员工作出性别限制的原因；为规范招工用工行为，提出招聘单位在以后招工用工中，应避免出现有就业性别歧视倾向的条件限制和歧视性字眼。建议书发出后，三家招聘单位在规定时间内及时回复，修改了招工材料，纠正了就业性别歧视。建议书在督促企事业单位依法用工方面起到了很好的宣传和警戒作用，直接歧视随之减少。

4.调解与法律帮助

促平会在接到就业性别歧视投诉后，对于管辖范围内的案件，通知当事人及被投诉人就案件进行书面陈述或答辩，并提供证据。并根据双方书面材料及证据，制定相应的调解处理建议书送达双方，若当事人与被投诉方就建议书达成一致意见，即可制作调解书并结案；若双方未能达成一致意见，则需要根据调查结果，进入调解程序或根据案件具体情况分流到有关职能部门。如果调解无效或调解处理成功后所签订的调解书不能履行，即告知当事人向仲裁机关申请仲裁或向人民法院提起诉讼，并可提供法律帮助。

5.推动企业发出倡议书

促平会通过反对就业性别歧视的宣传培训，用人单位促进男女平等就业的意识明显提高。2013年5月，新乐市企业家联谊会向会员发出"消除就业歧视，共享和谐社会"倡议书，内容如下："'消除歧视'既是每个公民的责任，更是每个企业家的责任。我们要尊重劳动，遵纪守法，消除歧视，争做表率；让我们从现在做起，从我做起，争做消除歧视的传播者、实践者和维护者，用实际行动参与进来，消灭就业歧视，让劳动者在公平正义下更好地焕发劳动热情和创造活力，为建设文明、和谐社会作出应有的贡献。"倡议书已成为企业家树立良好社会形象、在招录提拔员工中践行平等就业的自觉自律标准。就业性别歧视作为就业歧视的重要组成部分，同样成为企业家自律的主要内容。

三、效果

新乐市促平会成立时间虽然不长，但已产生一定影响。促平会通过对存在就业性别歧视的用人单位进行通报，运用社会舆论督促企业扭转传统观念、消除就业性别歧视，推动妇女平等就业。

2015 年 3 月，新乐市促平会召开春季人力资源招聘会及高校毕业生专场招聘会，共有 31 家招聘单位参会，提供岗位 2300 余个，进场求职人员 2000 余人次，达成就业意向 700 人。为预防和消除招聘中的就业性别歧视，促平会首先对用人单位的招聘信息进行审核，对有歧视倾向的招聘单位进行平等就业的宣传引导，还在招聘会现场通过电子屏幕、悬挂宣传条幅等开展宣传。在促平会的严格监管和大力宣传下，招聘单位中没有出现包括性别歧视在内的就业歧视现象。

第六章

营造贯彻落实男女平等基本国策的文化环境

男女平等基本国策从根本上讲，是倡导公平、公正的社会价值观。贯彻落实男女平等基本国策，构建以男女平等为核心的先进性别文化，是坚持社会主义先进文化及其发展道路，培育践行社会主义核心价值观的重要内容。营造尊重妇女、促进男女平等的社会文化环境，需要综合运用干部培训、国民教育、媒体传播、社会宣传等方式，引导全社会树立男女平等的价值观，使性别公正成为人们社会生活的基本遵循，依法依德消除一切形式的性别歧视。

一、发挥领导干部在贯彻落实男女平等基本国策中的引领作用

贯彻落实男女平等基本国策是提升国家治理体系和治理能力现代化、实现可持续发展的一项重要工作。在出台法律、制定政策、编制规划和部署工作中贯彻落实男女平等基本国策，需要通过教育培训，切实增强领导干部的责任意识、主体意识以及认知水平，

在工作生活中示范引领、自觉践行男女平等价值观，提高贯彻落实男女平等基本国策的领导力和执行力。

1. 把男女平等基本国策教育纳入领导干部教育培训体系

男女平等基本国策具有科学的理论体系和丰富的时代内涵。学习把握男女平等基本国策、认真实践男女平等基本国策是领导干部教育培训工作的重要内容。

党校和行政学院是党委、政府培训党政领导干部的重要基地，也是向党政领导干部传授马克思主义妇女观、宣传男女平等基本国策的重要阵地。面向领导干部开展男女平等基本国策的宣传培训，就是要使各级领导干部全面掌握男女平等理念、内涵与要求，全面提高性别平等意识，全面增强自觉践行国策的积极性主动性能动性，坚持把妇女发展定位在协调推进"四个全面"的战略布局中思考与谋划，坚持把妇女全面发展与经济社会持续健康发展同步规划、同步推进，坚持在制定政策和作出决策时自觉把社会性别意识纳入决策主流。

加强对领导干部男女平等基本国策教育培训，要求切实做到"三个纳入"。

一是将男女平等基本国策纳入党校和行政院校教学计划。列入干部教育培训主体班次，安排专门课程，实行教学考核。各地在促进男女平等基本国策宣传教育进党校和行政院校方面都有创新举措。目前许多地方党校、行政院校开设了男女平等基本国策教育专题课程，纳入各班次教学计划。浙江省委在《关于加强和改善党对新时期工青妇工作领导的意见》中，明确要求"马克思主义妇女观和男女平等基本国策要纳入党校干部培训的课程"。辽宁、江西、山东、福建、陕西等省妇联联合省委组织部、宣传部、妇儿工委办专门下发文件，将马克思主义妇女观和男女平等基本国策列为干部培训必修课程。吉林、湖南等省妇联与省委党校、省行政学院联合发文，要求把男女平等基本国策纳入党校、行政院校的教学内容，在省委党校举办全省党政干部马克思主义妇女观教育专题培训班。黑龙江省把构建先进性别文化纳入社会主义核心价值观建设，把男女平等基本国策培训纳入党校、行政院校教学计划，制定实施了《推进男女平等基本国策三年培训计划》。据不完全统计，全国已有近2400所县级以上党校和行政院校把男女平等基本国策纳入领导干部教育培训课程序列，近500万人次领导干部接受了基本国策的教育培训。

📋 实践事例

天津市推动男女平等基本国策进党校

为提高领导干部性别平等意识，推动《中国妇女发展纲要（2011—2020年）》和《天津市妇女发展规划（2011—2020年）》的顺利实施，天津市妇联着力推动将男女平等基本国策纳入市委党校主体班次课程。

《天津市妇女发展规划（2011—2020年）》中明确提出"加大男女平等基本国策的理论研究和宣传力度。不断丰富男女平等基本国策的理论基础。推动将男女平等基本国策宣传纳入各级党校、行政学院教学计划和各级干部培训规划。广泛宣传，提高男女平等基本国策的社会影响力"。为将国策宣讲进党校工作落到实处，市妇联加

强同市委组织部、市委党校的沟通协调，进一步明确了
各自的工作职责。特别对于男女平等基本国策宣讲，在
连续十余年作为市委党校主体班次"处级女领导干部研
修班"必修课程的基础上，确定将其纳入市委党校2014
年秋季7个主体班次公共课程，将男女平等基本国策内
容纳入2015年春秋两季市委党校全部主体班次的公共课
程。

　　　　　　资料来源：节选自天津市妇联提供的案例。

　　二是将男女平等基本国策教育纳入教材建设。许多地方党校
和行政院校立足于历史和现实，立足于中国国情和地方特色，认
真组织编写男女平等基本国策教材和读本，阐释男女平等基本国
策的理论构架、内涵要求、实施原则，具体解读实施男女平等基
本国策的理论意义和实践意义，深刻剖析性别平等与妇女发展中
存在的现实问题，既提高了领导干部对于贯彻落实男女平等基本

图 6-1　男女平等基本国策宣传教育的部分教材、读本

国策的理性认识和战略思维，也促进了中国特色社会主义妇女理论的学科建设。

三是将男女平等基本国策教师培养纳入师资队伍建设。许多地方党校和行政院校通过整合资源，利用当地高校妇女 / 性别研究与培训基地的骨干力量，探索多层次的男女平等基本国策师资队伍建设模式。辽宁省连续两年在省委党校举办"全省党校、高校国策授课教师师资培训班"，直接培训教师 300 余人次。黑龙江省妇联、省委党校联合中央党校妇女研究中心多次主办"社会性别与公共政策"师资培训项目，对男女平等基本国策骨干师资进行培训，全省共培养了 200 余名专兼职骨干教师，每年开设国策教育课程 350 多课时。据不完全统计，目前全国有男女平等基本国策宣传教育骨干师资 2300 多人。

2. 领导干部带头树立并践行男女平等价值观

领导干部既是男女平等基本国策贯彻落实的领导者和执行者，也是男女平等价值观的积极倡导者和自觉践行者。在领导和管理工作中，在日常工作和生活中，领导干部以身作则、身体力行男女平等基本国策，就是一种传播性别平等知识和理念的自觉行为，对事关妇女发展和权益保障的政策决策会产生重要影响，对营造良好的社会环境会起到引领作用。

2005 年是联合国第四次世界妇女大会在北京召开 10 周年，也是全国妇联倡导的男女平等基本国策宣传年。在这个重要时节，多位中共中央政治局委员在《人民日报》发表贯彻落实男女平等基本国策的署名文章，全国 31 个省（区、市）党委主要领导同志、7 名共和国部长在《人民日报》《中国妇女报》《中国妇运》以及地方党报党刊发表学习领会和贯彻落实男女平等基本国策的署名文章，为各级领导干部树立了榜样、做出了示范。一些省（区、市）领导在本省积极宣讲男女平等基本国策，引领各级干部提高贯彻落实男女平等基本国策的意识、水平和能力。

2015 年是联合国第四次世界妇女大会在北京召开 20 周年。中共中央总书记、国家主席习近平在全球妇女峰会上发表了题为"促进妇女全面发展 共建共享美好世界"的重要讲话；中共中央政治局委员、国务院副总理、国务院妇女儿童工作委员会主任刘延东在纪念北京世妇会 20 周年、深入贯彻落实男女平等基本国策大会上，就贯彻落实习近平总书记重要讲话精神，推动男女平等与妇女事业发展取得新成就、迈上新台阶作出具体部署。3 位省委书记和 3 名共和国部长在《人民日报》发表署名文章，畅谈学习领会习近平总书记重要讲话精神、贯彻落实男女平等基本国策的经验做法和未来设想。

3. 提高男女平等基本国策贯彻落实的执行力

男女平等强调的既是机会上的平等，也是结果和实质上的平等。提高男女平等基本国策贯彻落实的执行力，要求将性别平等的理念充分体现在经济社会发展的各领域、各环节和全过程，在决策和执行中切实关注男女平等，高度关注妇女需求，积极回应妇女关切，有效解决妇女群众最关心最直接最现实的利益问题。2014 年甘肃省委办公厅、省人民政府办公厅联合下发了《关于印发〈甘肃省贯彻落实男女平等基本国策实施意见〉的通知》，提出要立足于现阶段国情省情，在承认和尊重两性生理差异的基础上，把男女平等协调发展原则推广到一切社会领域，促进男女两性在人的尊严、价值上的平等，以及在男女权利、机会和责任上的平等，确保男女两性平等地分享改革发展成果。

贯彻落实男女平等基本国策的关键，是将性别平等意识纳入决策主流。提高男女平等基本国策贯彻落实的执行力，要求通过顶层设计，在源头上体现男女平等的原则要求，推动男女平等制度化、机制化。《甘肃省贯彻落实男女平等基本国策实施意见》的一个显著特征，就是紧扣促进性别平等这一核心任务，把国策内容细化成 20 个政策措施，重点包括公共政策、公共服务、性别文化、婚姻家庭等方面，涉及推进男女平等基本国策深入实施的许多重点领域，体现了领导干部贯彻落实男女平等基本国策的强大执行力。

二、大力培育公民的男女平等基本国策意识

男女平等关系整个社会的和谐发展，男女平等基本国策的贯彻落实有赖于公民性别平等意识的普遍提高。要依托学校教育、社会教育、家庭教育，通过公民道德建设、舆论宣传、文化熏陶等，大力宣传男女平等基本国策所倡导的公平公正的价值理念，积极培育公民的性别平等观念，将男女平等内化为人们的自觉意识，外化为人们的行为习惯。

1. 把男女平等作为公民道德教育的重要内容

新时期的公民道德建设，要求从我国历史和现实的国情出发，坚持以为人民服务为核心，以集体主义为原则，以爱祖国、爱人民、

爱劳动、爱科学、爱社会主义为基本要求，以社会公德、职业道德、家庭美德为着力点。男女平等基本国策高度蕴含和体现着中华优秀传统文化和社会主义核心价值观的时代价值，在加强公民道德建设中突出男女平等基本国策教育，就是要求在公民道德教育中纳入性别平等的观念和内容，构建以男女平等为核心的先进性别文化。

一是在社会公德倡导中坚持男女平等的价值导向。社会公德是全体公民在社会交往和公共生活中应该遵循的行为准则，涵盖了人与人、人与社会、人与自然之间的关系。在社会公德教育中纳入男女平等内容，表现为在处理人与人、人与社会、人与自然的关系时要遵循男女平等理念。在现实生活中，要尊重妇女、不歧视妇女，杜绝有损女性形象和人格尊严的言辞和行为；要关爱妇女，尽心尽力地帮助妇女解决困难；要爱护环境，促进妇女的身心健康；要遵纪守法，自觉维护妇女合法权益，同损害妇女合法权益的违法犯罪现象作坚决斗争。

二是在职业道德教育中坚持男女平等的价值导向。职业道德是对从业人员在职业活动中提出的行为标准和要求，涵盖了从业人员与服务对象、职业与职工、职业与职业之间的关系。在职业道德教育中纳入男女平等内容，表现为在处理各种职业关系时要遵循男女平等的理念。在职业活动中，要奉行男女平等的原则，营造有利于两性职业平等发展的工作环境；要坚持男女同工同酬，依法保障妇女平等享有发展机会；要尊重妇女人格尊严，杜绝就业中的性别歧视和职场中的性骚扰；要倡导男女同事之间的理解与互助，营造团结协作、和睦相处的职场氛围。

三是在家庭美德建设中坚持男女平等的价值导向。家庭美德是每个人在家庭生活中应该遵循的伦理要求和行为准则，涵盖了夫妻、长幼、邻里之间的关系。在家庭美德建设中纳入男女平等内容，表现为在处理家庭关系和邻里关系时要遵循男女平等的理念。在家庭生活中，要提倡夫妻和睦，互相尊重，互相理解，互相携持，共同承担家庭责任；要提倡男女平等，摒弃重男轻女，倡导生男生女都一样的文明生育观；要提倡尊老爱幼，尊重孝敬老人，科学教育子女，构筑平等和睦关爱的家庭亲情关系；要提倡勤俭持家，树立清正廉洁的良好家风，通过辛勤劳动、合理消费增进家庭幸福指数；要提倡邻里互助，构建互尊、互让、互谅的和谐邻里关系，以好的家风支撑起好的社会风气，促进社会的和谐稳定。

四是在个人品德养成中坚持男女平等的价值导向。个人品德是社会道德准则和文明行为规范的自我内化，社会公德、职业道德、家庭美德的实现最终都有赖于个人品德的养成和提升。在个人品德养成中纳入男女平等内容，表现为将男女平等作为一个人内在素养和道德行为的基本要求和底线。在个人的思想和行为中，要正确地认识和理解男女平等，使男女两性相互尊重关爱、理解支持成为一种文明的思维方式；要反对男尊女卑、大男子主义的落后观念，倡导自尊、自信、自立、自强的新女性精神；要把男女平等的理念融入个人工作和生活的方方面面，做积极践行男女平等的好公民、好工作者、好家庭成员。

2. 把男女平等教育纳入国民教育体系

国民教育是培育合格公民、提高民族素质的重要载体，也是传播倡导男女平等基本国策的一条极为重要的途径。男女平等意识和观念的养成，要从娃娃抓起。通过国民教育培养青少年的男女平等意识和观念，是贯彻落实男女平等基本国策的长远之举。

落实 2011—2020 年中国妇女发展纲要提出的"性别平等原则和理念在各级各类教育课程标准及教学过程中得到充分体现"的目标要求，在大、中、小学校教育中积极推进性别平等教育进学校、进教材、进课堂，促进男女平等价值观在青少年学生的心中落地生根。

一是因地制宜开设性别平等教育课程。通过设置专门课程、开设活动课程、开发校本课程，大力推进性别平等教育进课堂，以正确理念和科学方法向学生传授性别平等知识、培养性别平等观念。2005 年，广西壮族自治区妇联推动在广西大学等 5 所高校开设了男女平等基本国策课程。2013 年，辽宁省妇联联合省教育厅下发了《关于开展男女平等基本国策教育"进高校"活动的通知》，要求省内各高校在大学生中开展形式多样的男女平等及社会性别意识教育，每学期安排专题讲座或课程，促进男女平等基本国策教育制度化系统化常态化，使大学生群体成为积极践行男女平等基本国策的先行者、传播性别平等思想的主力军。

实践事例

广东省中山市开展中小学性别平等教育

《中国妇女发展纲要（2011—2020 年）》《广东省妇女发展规划（2011—2020 年）》《中山市妇女发展规划（2011—2020 年）》都明确要求，"性别平等原则和理念在各级各类教育课程标准及教学过程中得到充分体现"。中山市市委、市政府将性别平等教育确定为落实男女平等基本国策的重要内容，纳入经济社会发展总体规划，为性别平等教育工作顺利开展提供政策支持和财政保障，实现了组织机构到位、经费保障到位、人力资源到位、政策措施到位、目标责任到位和部门分工到位的"六个落实到位"。其中在政策措施到位方面，中山市把性别意识教育放在中小学德育教育的优先位置，以广东省开展性别平等教育试点工作为契机，下发《广东省性别平等教育中山试点工作实施方案》，提出编写性别平等教育指导大纲、培育四所性别平等教育示范学校、培育试点镇区开展性别平等教学实践、探索符合中山市乃至广东省实际的性别平等教育模式等四项目标。

资料来源：节选自广东省中山市妇联提供的案例。

二是注重把性别平等教育纳入学校教材建设。认真组织编写性别平等教育指导大纲和专门教材，结合活动课程和校本课程，编写通俗生动的性别平等教育教参读本，注重在教材内容选择、插图安排、封面设计等方面体现性别平等内容，有意识地传递性别平等的文化信息，教育引导青少年树立性别平等的思想、文化和行为习惯。2011年10月，上海首套中小学性别教育教材《男孩女孩》投入使用，让孩子们了解到真实、健康、有益的性别知识，对孩子们的心理健康发展产生了深远影响。《黑龙江省中小学生性别平等教育读本》《孩子们眼中的男女平等》等教育教学读本在黑龙江省的一些中小学投入使用，开辟了男女平等基本国策宣传的新视角。

图 6-2　广东省中山市实验小学性别平等教育实践课

三是切实将性别平等教育师资队伍建设摆上重要位置。加强性别平等教育师资队伍和教研队伍建设，是推进性别平等教育"进学校、进教材、进课堂"的一项重要任务。一方面要培育专业授课人才，提高性别平等教育的专业性、科学性、系统性；另一方面要引导各学科教师普遍增强性别平等意识，在所有的教育教学过程中自觉关注性别平等议题、科学阐释性别平等原理、正确引导性别平等行为。

四是着力加强女性学学科建设。加强女性学学科建设，是构建中国特色社会主义妇女理论的基础工程。推动将妇女 / 性别研究纳入我国哲学社会科学研究规划，推动将女性学学科建设纳入高等学校学科建设总体规划，不断开拓中国特色社会主义妇女理论研究的新视野新领域，努力建设一支高素质的妇女 / 性别理论研究队伍，造就一批坚持马克思主义妇女观、具有性别平等意识、熟悉基本国情、了解国际趋势、勇于开拓创新的专业研究队伍。

3. 引导公民把男女平等体现在社会和家庭生活各方面

男女平等是一个无所不在的社会性议题，性别平等意识是每一个公民都必须具备的基本素质，贯彻落实男女平等基本国策是一项社会系统工程，需要通过形式多样的宣传教育，使男女平等基本国策落细落实落小，春风化雨般地渗透到社会和家庭生活的各方面。

一是广泛开展社会教育。社区是人们日常生活的基本单位和重要空间。通过在社区开展广大群众喜闻乐见的宣传教育和文化活动，让群众接地气地了解男女平等基本国策；通过把国策宣传教育纳入社区精神文明建设活动，让群众生动鲜活地感知男女平等基本国策，引导公民自觉纠正重男轻女的不良习俗，抵制歧视妇女、家庭暴力等侵害妇女合法权益的行为，以身作则地践行男女平等价值观。

实践事例

男女平等基本国策宣传进社区

辽宁省铁岭市通过组织开展贴近群众的各种文化艺术活动，吸引群众、教育群众，传递平等的性别理念。举办文艺展演活动，组织男女平等基本国策宣传主题文艺演出，用文艺形式，将思想性、教育性、艺术性融为一体；举办群众性广场文化活动，通过大众才艺展示、趣味运动会、卡拉 OK 大赛、秧歌健身舞表演、楼道文化等活动，让群众在娱乐中受到性别平等教育；举办各种竞赛活动，开展摄影绘画、漫画创作、演讲、征文、诗歌等比赛，展示宣传国策、践行国策的精神风貌；举办培训活动，依托"妇女之家"、女性大讲堂、母亲课堂、家长学校以及文化长廊、社区报刊栏等阵地，促进男女平等进社区，提高社区居民的国策知晓率和认知水平。

资料来源：《关于印发男女平等基本国策宣传教育活动方案的通知》，铁岭妇女网，http://www.tlfnw.org/contents/54/1423.html，访问时间：2015 年 6 月 30 日。

二是认真开展职场教育。在单位文化、企业文化、校园文化等各行各业文化建设中，大力宣传性别平等理念，大力宣传践行男女平等的典型案例，大力宣传女性"四自"精神，大力宣传女性在单位和事业建设中的半边天作用，积极倡导依法保障妇女合法权益，抵制职场中的性别不公正，揭露和杜绝工作场所性骚扰，努力营造彰显男女平等、尊重妇女人权、促进妇女发展的职场环境。

实践事例

依法推进反对性骚扰机制建设

2005 年修订的《妇女权益保障法》首次把"性骚扰"写进了法律，增加了禁止性骚扰的规定。

2008 年全国"两会"上，中国法学会反对家庭暴力网络联合中国社科院法学所性别与法律研究中心，草拟

了《人民法院审理性骚扰案件时的若干规定》的司法解
释专家建议稿，建议完善禁止性骚扰的相关法律，首次
提出用人单位在预防和制止性骚扰问题上要承担责任。

2012 年颁布的《女职工劳动保护特别规定》规定"在
劳动场所，用人单位应当预防和制止对女职工的性骚扰"。

2013 年国务院法制办、国家卫生计生委、全国总工
会和全国妇联组织开展的对《女职工劳动保护特别规定》
贯彻落实情况的专项调查中建议，地方在修订实施细则
中要规定工作场所性骚扰的定义、用人单位防治性骚扰
的责任与机制。

2015 年全国"两会"上，全国总工会提出"关于推动
用人单位建立防治工作场所性骚扰机制的提案"，建议进一
步总结和完善建立工作场所防治性骚扰机制的经验，将目
前试点单位进一步扩展到不同所有制的用人单位，使这一
制度的建设得到扩展并适用于不同的用人单位。

三是扎实开展家庭教育。家庭教育在培育性别平等意识和行
为上具有不可替代的重要作用，没有在家庭生活中男女平等意识
的启蒙和习惯养成，就不会有社会生活中男女相互尊重关爱的自
觉践行。把家庭作为培树男女平等价值观的第一阵地和践行男女
平等价值观的第一场所，通过家庭教育潜移默化的熏陶，努力构
建相互尊重的夫妻关系、相互携持的亲子关系、相互帮助的邻里
关系，并把这种良好的行为习惯辐射到社会生活当中去。

为培育和践行社会主义核心价值观，发挥妇女在弘扬中华民

族家庭美德、树立良好家风方面的独特作用，把家庭文明建设生动具体地落实到基层，为"以好的家风支撑起好的社会风气"作贡献。2014—2015 年，全国妇联连续两年在全国 70 多万个城乡社区的"妇女之家"，组织开展寻找"最美家庭"活动，大力倡导和弘扬"夫妻和睦、尊老爱幼、科学教子、勤俭持家、邻里互助"的家庭美德。活动不预定标准，不设门槛，充分激发群众参与热情，将集中寻找与常态化推进相结合，通过最美家庭的示范引领，使妇女和家庭自觉践行社会主义核心价值观，推动男女平等基本国策在家庭领域的贯彻落实。

实践事例

幸福的家庭都是相似的

居荫平和张永铭这对"金婚"老人是生活在河北省秦皇岛市渤海明珠小区的一对幸福老夫妻。1956 年，同为人民教师的两人因为共同的志向和忠贞的情感而喜结连理。虽然平常的日子过得比较清苦，但夫妻二人勤劳节俭，抱着对好日子的期盼活得很有劲头。

1978 年以后，沐浴着改革开放的春风，已育有三儿二女的居荫平夫妇，家庭生活环境不断得到改善，日子越来越好，5 个孩子都有了不错的工作。一家人和和美美，父母慈，子女孝。为了照顾老两口，两个儿子自愿和父母住在一栋楼里，不管工作多忙，天天都来陪着唠家常，逗老两口开心。

现在，老两口身体健康，精神矍铄。他们主张老有所乐——俩人热爱旅游，已经走遍祖国大江南北，写下很多感悟生活的诗歌，出版了《盛世欢歌》《居荫平诗选》《雨洒江山秀》三本诗集。为了歌颂党的十八大，老两口共同创作的6米长卷《百蝶图》被多家媒体报道。

在自己幸福的同时，他们还把"幸福接力棒"传递下去，得知住同一小区的一位30岁的男青年因病去世，孩子刚3岁，妻子和母亲都没有工作，老两口立刻送去1000元，从物质和精神上鼓励他们积极面对生活。

恩爱夫妻情无限，同贺金婚，白首永相伴。他们在曾经的岗位上勤劳敬业，他们在温馨的家园中营造和谐，并将这幸福薪火相传！

资料来源：《全国"最美家庭"故事汇》，中国妇女出版社2015年版。

三、打造宣传男女平等基本国策的坚强舆论阵地

电视、广播、报刊、网络等媒体是现代社会具有广泛影响的传播手段。第四次世界妇女大会通过的《行动纲领》将"妇女与媒体"作为12个关切领域之一，既要求媒体自身具备性别平等意识、具有传播性别平等的能力，又要在宣传弘扬男女平等价值观中发挥舆论引导和监督作用。《中国妇女发展纲要（2011—2020年）》提出"完善传媒领域的性别平等监管机制"的目标，要求"制定和落实具有社会性别意识的文化和传媒政策""加强对传媒的正面引

导和管理",推动性别平等原则在文化和传媒领域得到充分体现。

1. 媒体及其从业人员在推进性别平等中肩负独特责任

　　在当今信息时代,科学技术的进步使媒体的传播功能空前凸显,群众性、普及性和迅捷性特征越来越明显,社会影响力越来越广泛,传播速度越来越快,覆盖范围越来越广,受众群体越来越多。从这个意义上讲,媒体应该从肩负促进性别平等和妇女发展的社会责任出发,大力宣传妇女的主体地位和在推动经济社会发展中的积极作用,有力鞭挞贬抑、否定妇女独立人格等性别歧视的社会文化现象,在传播先进性别文化、倡导性别公正、贯彻落实男女平等基本国策中发挥生力军作用。

图6-3　中国妇女报每年评选年度十大女性新闻

　　媒体在贯彻落实男女平等基本国策中具有不可替代的社会责

任。媒体职责就是真实传播信息，正确引导舆论，树立榜样引领，广泛推广知识，生动教化公众，坚持舆论监督。媒体传播具有选择性和导向性。在信息量不断叠加的全媒体时代，媒体在传播什么、不传播什么、如何传播等各个环节中都要贯彻落实男女平等基本国策，使媒体信息呈现促进性别平等和性别公正的价值取向，引导全社会普遍树立性别平等意识。如果媒体在信息传播中能够坚持男女平等基本国策，大信息量地向受众传递男女平等的正能量，将对正面引导和社会宣传起到积极的作用；反之，如果媒体的宣传忽视了性别平等理念，有意无意中对传统性别文化和性别角色定型作出负面传播，势必会强化公众的传统性别观念，对促进性别平等和妇女全面发展产生不利影响。

在媒体传播中倡导和体现性别平等，关键是要提高媒体工作者的社会性别意识和能力。注重在媒体专业人才的培养中体现性别平等教育，将性别平等视角纳入新闻传播院校课程设置和教材建设，开设性别平等媒介素养课程，提高性别敏感性。注重在媒体从业人员培训中纳入性别平等教育内容，增强其传播先进性别文化的能力，在策划、采访、编辑、信息发布工作中自觉运用男女平等理论，对传播内容进行性别平等的研判，坚持男女平等原则正确发声。

实践事例

全国新闻媒体社会性别意识培训班

为了贯彻落实党的十八大关于"坚持男女平等基本国策，维护妇女儿童合法权益"的要求，进一步推动《中国妇女发展纲要（2011—2020）》中"加大男女平等基本国策的宣传力度"，"将社会性别意识纳入到传媒培训规划，提高媒体决策者和从业人员的社会性别意识"等目标和策略措施的落实，2014年4月17日，国务院妇女儿童工作委员会、文化部、国家新闻出版广电总局和国务院新闻办公室共同举办全国新闻媒体社会性别意识培训班，来自团中央、新华网、人民网、光明网、求是杂志社、中国政府网等28家主流媒体的相关负责人和记者编辑60余人参加了培训。

中宣部领导在讲话中指出，要制定切实可行的计划，加大对男女平等基本国策的宣传力度，使广大群众认识到妇女是推动社会发展的伟大力量。来自中央党校和全国妇联妇女研究所的专家学者分别讲授了"男女平等基本国策与媒体责任""国际经验对中国实行男女平等基本国策的启示"等内容。人民日报社和中国妇女报的总编辑则从工作的实际经验出发，提出媒体要提高社会性别敏感度，有效识别和防范新闻报道中的性别偏差，分析了媒体如何坚持正确的舆论引导，传播先进的性别文化等。

2. 创造和提供倡导性别平等的公共文化产品

贯彻落实男女平等基本国策，需要媒体创作出体现男女平等原则的能够教育人、启迪人、鼓舞人的公共文化产品。

在深化改革开放的历史新阶段，人们的思想观念、价值取向、精神需求日益呈现多元多样多变的特点，各种文化思潮相互交融交流交锋，对男女平等、妇女发展的认知也具有多元性，这对传播性别平等信息和创作弘扬性别平等精神的公共文化产品提出新的更高要求，需要进一步建立健全传媒舆论引导和监督机制，加强对公共文化产品性别平等的舆情监测，积极褒奖大力弘扬先进性别文化的优秀作品，严厉问责违反性别平等理念和传播男尊女卑落后文化观念的不良产品。

不容忽视的是，目前的一些公共文化产品中不同程度地存在着忽视妇女主体地位，边缘化、刻板化、商品化女性形象等现象和问题。如在一些新闻作品中，男性新闻人物出现频率、被引用频率、被拍摄频率远远超过女性；在一些影视作品中，对女性角色的描绘常常是被保护的，没有主见的，需要依附男人的；在一些广告作品中，家庭类、厨具类、食品类的广告中主角几乎全部是女性；特别是在一些网络媒体中，"女博士婚姻贬值论""女干部花瓶论"和"剩女""女汉子"等歧视妇女的言论和说法甚嚣尘上、弥久盛行。这表明，树立性别平等理念，践行男女平等基本国策，需要媒体加强自我约束和自我监管。

实践事例

《爸爸去哪儿》：推动性别角色多元化

湖南卫视综艺节目《爸爸去哪儿》2013年一经播出，就在荧屏上创造了始料未及的高收视率。这档节目的主旨是弘扬积极、向上的正能量，向"80后"父母展示"生活教育百科全书"。在播出过程中，引发了人们对男女两性家庭角色定位的反思，也激励了更多男性自愿承担家庭责任。

节目一开始，爸爸们不知如何照料孩子，如何与孩子交流和沟通。随着节目的录播，原先以为称职的爸爸，却在最简单的照料孩子的任务中束手无策、洋相百出，这才意识到自己是"一个不太专业的爸爸"。有爸爸说："妻子非常伟大，能把孩子带到6岁，我带了3天就快崩溃了"；还有爸爸说："孩子是需要陪的，需要时间去沟通和交流。我会在未来的工作和生活中，留出更多的时间来陪她。"

《爸爸去哪儿》让父亲们开始反思爸爸家庭角色的缺位，不仅引发了关于亲子教育理念和方法的讨论，而且还倡导了男性既可以主外、也可以主内的性别角色多元化。

这一案例充分说明，媒体在倡导男女平等和促进社会性别主流化进程中，有不可替代的功能和作用。

资料来源：根据徐安琪2013年12月3日在上海社会科学院的演讲《从社会学视角看"爸爸去哪儿"》摘编，《解放日报》2013年12月18日。

3. 加强对媒体性别平等作为的监督和管理

加强对媒体的引导和管理，完善传媒监管机制，增加性别监测内容，提高对媒体性别平等作为监督管理的制度化机制化水平。

一是建立媒体性别平等审查机制。提升媒体性别平等审查工作的科学性和有效性，吸纳性别平等专家参加媒体性别平等监测评估工作，将性别平等指标纳入选题、立意、内容、形式、设计等审查内容和审查标准，将社会性别敏感报道纳入媒体日常监测考核机制，对产品预期中的性别平等加强结果和传播效应的监督。

二是将性别平等指标纳入传媒监测指标体系。一项对西南四卫视广告进行性别平等指标的抽样研究显示，广告中的主要人物形象属于男性形象特有的职业与身份的主要是宇航员、成功人士、青年、专家、农民、游客等，属于女性形象特有的职业与身份的主要是艺术家、老师、病人、群众、孕妇等，从中可以看出女性职业角色的呈现比较单一、刻板和符号化。监测传媒的性别平等指标，可以规定传媒机构男女参与制作和录播的人数比例，提高媒体决策者中的女性比例；在新闻节目制作中均衡男女形象，在广告中消除"男主外，女主内"的性别刻板印象和把女性商品化的倾向。

三是新闻媒体和广告经营者依法严格自律。为更好地担当起媒体履行男女平等基本国策的社会责任，2013年"三八"国际妇女节前夕，中国妇女报社发起，人民日报社、科技日报社、工人日报社、农民日报社、法制日报社、中国新闻社等中央新闻单位联合发出《贯彻男女平等基本国策媒体倡议书》，倡议媒体强化自律机制，制定并遵守具有性别平等意识的专业守则与行为规范；有效防范并及时纠正新闻报道中存在的性别偏差；把性别平等理念贯穿在新闻制作的各个环节。倡议广大媒体从业者肩负宣传倡导责任，做男女平等的传播者；履行舆论监督责任，做男女平等的守望者；担当媒体自律责任，做男女平等的践行者。

☆ **相关案例**

案例 19　通过"六进"活动推动男女平等基本国策宣传
——辽宁省的做法

2013 年，辽宁省妇联在全省组织开展男女平等基本国策进党校、进高校、进机关、进媒体、进社区、进家庭的"六进"活动，掀起新一轮男女平等基本国策宣传教育高潮，进一步推进男女平等基本国策纳入决策主流，提高全社会对男女平等基本国策的知晓率和认同度。

一、推动男女平等基本国策进党校

辽宁省妇联与省委组织部、省委党校联合制定下发《关于开展男女平等基本国策"进党校"活动的通知》，提高各级领导干部的国策意识和性别平等意识。

一是通过"三个纳入"建立长效机制。专门制定了《男女平等基本国策宣传教育活动方案》，推动国策宣传教育在省、市、县（区）三级党校实现"三个纳入"，即纳入全省党校系统干部培训计划，纳入党校主体班次培训，纳入党校周五大讲堂。在省委党校和各市委党校命名挂牌"男女平等基本国策宣传教育基地"。

二是加强师资队伍建设。利用省委党校理论研究方面的特长，确定 2 名教授为专题授课教师，率先在省委党校主体班次开讲。邀请有关专家作专题报告，举办国策授课教师培训班，直接培训教师 300 余人次。依托省妇女理论研究基地和国策宣传教育示范基地，加强国策宣传教育理论研究工作。

图 6-4　辽宁省第三期男女平等基本国策宣传进党校、进高校师资培训班

二、推动男女平等基本国策进高校

提高年轻一代大学生群体的性别意识、两性协调发展观念，是开展男女平等基本国策宣传教育的一个重要方面。省妇联与省教育厅联合下发《关于开展男女平等基本国策"进高校"活动的通知》，将国策宣传纳入高校专题讲座和学生思想教育活动，依托各高校学生会等开展男女平等辩论赛、演讲会、征文等活动，激发大学生学习宣传国策的积极性主动性，提高高校师生的性别平等意识。

三、推动男女平等基本国策进机关

辽宁省妇联通过电视电话会、报告会等多种方式推进男女平等基本国策进机关。辽宁省各级妇联邀请党委、政府及妇儿工委成员单位领导撰写署名文章，在党政及职能部门、企事业单位干部中举办国策专题报告会，召开人大女代表、政协女委员话国策座谈会。利用"三八"节等重要节点，举办先进性别文化高峰论坛，开办专题讲座，开展男女平等基本国策征文、摄影绘画作品展等活动。辽宁省妇联将男女平等基本国策相关内容汇编成册发至省直机关干部，将性别平等意识送入各级领导干部的头脑中，体现在他们的行动上。

四、推动男女平等基本国策进媒体

辽宁省妇联通过培训、专题报告、系列讲座等形式，提高广大媒体人的性别平等意识，使其成为先进性别文化的传播者、践行者和把关者。比如，抓住"三八"节、"六一"儿童节等节点，利用传统媒体和新兴媒体掀起男女平等基本国策宣传高潮，在广播电视台举办主题宣传文艺展演活动，开设国策宣传专栏、专题，共同制作主题宣传片和公益宣传广告，举办电视知识竞赛、演讲及征文活动，设立宣传妇女儿童工作"好新闻奖"，鼓励媒体宣传国策，多出国策宣传精品。

五、推动男女平等基本国策进社区

辽宁省妇联通过群众喜闻乐见并寓教于乐的多种文化艺术活动，吸引越来越多群众接纳先进性别文化，传递先进性别理念。依托"妇女之家"、女性大讲堂、母亲课堂、家长学校以及文化长廊、社区报刊栏等阵地开展培训和宣传展示活动。

六、推动男女平等基本国策进家庭

将男女平等基本国策宣传教育作为家庭道德建设重要内容，

6

作为评选表彰五好家庭、最美家庭的重要依据，纳入考评体系。做优秀家庭文化建设品牌，以家庭读书活动、家庭文化艺术节、家庭网络文化、欢乐农家等活动为载体，广泛开展家庭读书竞赛、家庭才艺展演、家庭手工绣、我爱我家演讲会、低碳家庭节能金点子等活动。将男女平等基本国策内容印成简易图解说明的小册子，实用的台历、挂历、宣传画等，或制成宣传光盘，发放到家庭和妇女群众手中。

男女平等基本国策宣传"六进"活动，打造出独具特色的国策宣传教育"六进"活动品牌。通过实践探索，全省党校系统已有国策宣传专兼职授课教师114名，编写了统一的培训讲义，建立了课程设置、培训教材、师资队伍"三位一体"的教学体系，省委党校、市委党校和90%的县（区）委党校将国策宣讲纳入主体班次培训。全省半数以上的高校举办了国策专题报告，在学生中开展了多种形式的宣传教育活动，受教育学生达到5万人。

案例 20　推动男女平等基本国策教育进学校
——上海市的做法

　　推动男女平等基本国策教育进学校是政府依法执政的重要内容。《上海市实施〈中华人民共和国妇女权益保障法〉办法》和《上海妇女发展"十二五"规划》中都提出要推进男女平等基本国策教育进学校，从源头保障国策教育纳入国民教育体系，培育和增强学生的性别平等意识。近年来，上海市各级政府整合资源，将男女平等基本国策教育纳入学校课程，提高了男女平等基本国策的社会认知度。

　　一、试点推进男女平等基本国策教育进入中小学
　　一是鼓励区县因地制宜推动男女平等基本国策教育内容纳入中小学教育体系。上海市妇儿工委鼓励区县试点探索，目前，已有杨浦、青浦、长宁、黄浦等区进行试点，形成了各具特色的推进模式。杨浦区积极推进小学《性别教育》课程区域实施，形成了《性别教育》课程的区本教材，区教育局牵头建立《性别教育》课程区域推广工作小组与研究小组，将该项工作纳入《杨浦区建设上海市基础教育创新试验区三年行动计划（2013—2015 年）》。2012 学年，18 所试点学校平均安排 2—3 课时，共有低中高年级约 6000 名学生学习了《性别教育》课程，调查显示，94.0% 的学生对性别教育内容和教学方法非常认可，97.8% 的学生喜欢上性别教育课。青浦区妇儿工委办公室与区教育局联合下发《关于开展青浦

区"男女平等基本国策进校园"活动的通知》，明确要求面向 4 所试点小学一、二年级学生启动国策教育进校园活动。通过开展"三个一"活动，培育和增强学生的性别平等意识：举行一次主题班会，组织学生观看社会上关于弱势女童的图像资料，开展面对面互动交流讨论等；开展一次读书活动，为每个参与的班级精心准备一套性别平等教育绘本书，改变学生性别刻板印象；开设一堂性别平等课程。至 2014 年 10 月，青浦区全部 50 所小学（含 17 所民办小学），累计有 2 万余名学生接受了男女平等基本国策主题宣传教育。长宁区点面结合推进国策宣传"进学校"和暑托班，区妇儿工委办公室与区教育局联合下发《"男女平等·儿童优先"宣传进学校活动通知》，为全区 50 所中小学的学生发放了 2000 份宣传男女平等基本国策以及儿童优先基本原则的宣传包，增强学生的男女平等意识；区妇儿工委办公室与区妇联、团区委联合，依托市政府的"爱心暑托班"项目，面向全区 10 个街镇共 11 个暑托班，以讲故事的形式为孩子们宣传男女平等基本国策。黄浦区将"国策教育进学校"纳入《黄浦区儿童发展"十二五"规划》，并列为黄浦区"十二五"妇女儿童发展实事项目，建立了全程关注及监测评估制度，以课题方式研究男女平等基本国策教育渗透中学相关课程，至今全区试点学校达到 12 所。

二是借助人大监督力量加快男女平等基本国策教育纳入中小学教育体系的进程。上海市妇儿工委抓住市人大监督《上海市实施〈中华人民共和国妇女权益保障法〉办法》落实情况的机会，向市人大提出针对此项工作进行专题视察的建议。2013 年 9 月，上海市人大内司委组织部分人大代表对男女平等基本国策教育进学校试点工作情况进行了视察调研，通过教学观摩、听取汇报和

图 6-5　上海市杨浦区开展男女平等基本国策进小学活动

座谈交流，对各试点区在推进男女平等基本国策教育进学校中的先行先试和有益探索给予了充分肯定，针对调研中发现的教育工作者性别平等意识缺乏、推进国策教育进学校工作力度不够等问题提出具有针对性的建议，对进一步推进男女平等基本国策进学校工作提供了具体指导和支持。

二、稳步推进男女平等基本国策教育进入高等院校

一是推动高等教育纳入男女平等基本国策内容。自 20 世纪 90 年代以来，上海成立了上海师范大学女子文化学院、同济大学女子学院、上海工程技术大学女工程师学院三个专门针对女性的学历教育机构，在课程设置上专门开发了针对女性的学科内容，并将有关内容作为学校其他院系的选修课。此后，复旦大学、上海交通大学、华东师范大学、华东理工大学、上海外国语大学、上

海大学等相继从社会性别理论、女性心理、女性就业、女性文化、女性权利的法律保护等不同角度开设了面向全校学生的有关社会性别的课程作为通识教育课（公共选修课）。上海市教育部门通过"女性学精品课程讲坛"等形式，发挥优秀教师、精品课程的示范作用，有力推进了高校女性学学科建设。

二是联手成立上海女子教育联盟（上海女子大学）。为了丰富男女平等基本国策教育目标和学习内容，上海市妇儿工委顺应建设学习型城市、培育创新人才、倡导终身教育、提升文明素养的要求，在《上海妇女发展"十二五"规划》中提出"建立上海女子大学"的实事项目。2012 年，由妇联牵头，教委指导，上海女子教育联盟（上海女子大学）挂牌成立。它整合了全市女子教育相关资源，是以实施妇女终身教育、开展女性教育研究和对外交流为基本职能的非教育实体的合作组织，涵盖了职前教育机构、职后教育机构和上海女子教育研究院三个部分。实践证明，上海女子教育联盟（上海女子大学）的成立，有效满足了女性自身素质提高和自我修养提升的需求，弥补了男女平等基本国策教育在社区教育中的短板。

三、探索推进男女平等基本国策纳入党校课程

一是推动男女平等基本国策内容纳入各级党校人才培训课程。目前上海市各级党校基本上都以专题讲座等形式开展了男女平等基本国策知识教育。部分区县将男女平等基本国策纳入每年新录用公务员党校培训班课程。为实现男女平等基本国策纳入党校培训的规范化、制度化和长效化，上海市妇儿工委积极支持浦东新区研究探索如何在区党校"党的建设""领导科学""社会管理""社

会保障""依法行政"和"群众工作"等六大主体课程中融入性别平等理念，将男女平等基本国策融入干部教育培训全过程。

二是开展男女平等基本国策教育培训课程库建设和实施研究。2013年，上海市妇儿工委委托复旦大学社会发展与公共政策学院开展关于男女平等基本国策和社会性别宣传、教育和培训课程库的建设和实施研究，并组织教学演示观摩交流，形成男女平等基本国策和社会性别平等培训课程目录及课程简介，形成授课团队，为深入、广泛、持续地开展男女平等基本国策教育和培训奠定基础。

案例 21　塑造健康、多元的女性形象，构建
和谐的男女两性关系
——以家庭伦理题材电视剧为例

从20世纪90年代起，塑造多元女性形象，反映女性生存困惑，书写女性奋斗，表现女性精神，构建和谐两性关系成为家庭伦理剧创作的重要特征，这是媒体传播男女平等价值观的积极贡献。

一、塑造健康、多元的女性形象

家庭伦理剧在女性形象塑造中，着力刻画了更加多元、积极健康的女性形象。如《结婚十年》中的韩梦形象是面对工作和生活困境，善待自己、善待他人、善待家庭和善待社会的新时期新女性。《大校的女儿》《走过冬天的女性》等电视剧塑造了面对生存压力具有不屈精神和顽强品格的职业女性形象。《新结婚时代》刻画了顾小西、简佳等执着与坚韧的女性形象。《辣妈正传》《婚姻保卫战》则塑造了夏冰、杨丹、李梅等一批具有独立意识、努力平衡工作与家庭的新女性形象。

二、张扬女性的主体意识

当前电视剧中不断出现追寻自我的新女性形象。《父母爱情》中的母亲安杰出身资本家，和作为海军军官的丈夫并非两情相悦走进婚姻。在那个只讲出身和成分的年代，虽然安杰对丈夫是依赖的，但她并没有成为丈夫的附属品，而是一个有着拼搏和自立

精神的女性，她身上既体现了女性的进取意识，又不失善良坚韧的传统美德。《辣妈正传》彰显了母性的伟大，张扬了女性独立自主意识。女主角夏冰身上既充满母爱，又个性突出，有主见有能力，突破了传统观念中"夫唱妇随"的女性形象。

三、构建婚姻家庭中的性别平等关系

现代婚姻家庭中两性关系也在发生着深刻变化，越来越多的女性不仅注重家庭，也注重事业发展，对传统"男主外，女主内""男强女弱""男尊女卑"等性别观念提出了挑战。2010年热播的电视剧《婚姻保卫战》中，李梅和兰心、杨丹是大学同学，同为职场女性，婚姻都处在"七年之痒"阶段。她们面对各自事业发展和婚姻家庭中的矛盾冲突，自尊自信自立自强，在婚姻面临危机时，敢于担当，很好地平衡了事业和家庭的关系。

剧中的一首歌充分反映出三个职场女性形象对两性关系变化的新期待。

男声："你忙，你忙，你忙得有模有样；你忙，你忙，你忙得理所应当。如今月亮的光芒，已赛过太阳；女人开始闯荡，男人占领厨房。洗衣做饭煲汤已不是你的战场，在外呼风唤雨也不是我的专长。曾经五千年历史的女弱男强，如今熬到女人起义，妇女解放……"

女声："我一心在为家而忙，希望你能多点体谅，家里家外换个方向，把日子过得更漂亮。我不想和你比谁强，希望你试着去欣赏，幸福生活掌握在我们手上。"

四、倡导夫妻共担家庭责任

面对工作与家庭的矛盾和冲突，什么才是解决之道？《婚姻保卫战》给出了答案：消除职业女性生活与工作的困境需要转变传统性别观念，建立以男女平等为核心的先进性别文化观念，倡导男女两性相互理解，相互尊重，相互支持，共担家庭和社会责任。

电视剧具有形象化特征，易于被大众接受，将现实与想象相结合，通过形象塑造，将文化观念传播到人们的日常生活之中。电视等大众传媒应发挥正确的舆论导向功能，塑造积极、健康、多元的女性形象，传播男女平等价值观，构建和谐平等的性别关系。

责任编辑：邵永忠
封面设计：石笑梦
责任校对：吕　飞

图书在版编目（CIP）数据

男女平等基本国策的贯彻与落实 / 国务院妇女儿童工作委员会办公室 编
.—北京：人民出版社，2016.11（2022.7 重印）
ISBN 978-7-01-015351-3

Ⅰ.①男⋯　Ⅱ.①国⋯　Ⅲ.①男女平等—研究—中国　Ⅳ.① D442

中国版本图书馆 CIP 数据核字（2015）第 232969 号

男女平等基本国策的贯彻与落实

NANNÜ　PINGDENG JIBEN GUOCE DE GUANCHE YU LUOSHI

国务院妇女儿童工作委员会办公室　编

人民出版社出版发行

（100706　北京市东城区隆福寺街 99 号）

北京中科印刷有限公司印刷　新华书店经销

2016 年 11 月第 1 版　2022 年 7 月北京第 5 次印刷
开本：710 毫米 ×1000 毫米　1/16　印张：15.5　字数：245 千字

ISBN 978-7-01-015351-3　定价：62.00 元

邮购地址　100706　北京市东城区隆福寺街 99 号
网址：http://www.peoplepress.net
人民东方图书销售中心　电话（010）65250042　65289539